国家示范性中职院校工学结合一体化课程改革教材

Qiche Jiance yu Weixiu Jishu
汽车检测与维修技术

（中级学习领域一）

广西交通技师学院	组织编审
梁 华　何弘亮	主　　编
兰 杨	副 主 编
罗万庆	主　　审

人民交通出版社股份有限公司
China Communications Press Co.,Ltd.

内 容 提 要

本书是国家示范性中职院校工学结合一体化课程改革教材，是按照"以工作过程为导向、以项目建设为载体"的教学模式，由广西交通技师学院组织本院专业教师编写而成的重点建设专业课程教材。本书知识点清晰，内容编排新颖，图文并茂，直观性强，通俗易懂。

本书内容包括：更换离合器主缸、工作缸，更换制动主缸、制动轮缸、制动片、制动盘（鼓），检查、添加、更换助力转向器油、检查更换转向助力泵，轮胎检查、换位及车轮动平衡检测，发动机电子控制系统，传感器原理与检测，执行器原理与检测，发动机燃油喷射控制系统检修，发动机电子点火控制系统检修，定速巡航系统的原理与检测，信号灯线路故障与排除，照明灯线路故障诊断与排除，共计12个学习项目。

本书供中等职业院校汽车类专业师生教学使用，也可供汽车维修行业相关技术人员学习参考。

图书在版编目（CIP）数据

汽车检测与维修技术／中级学习领域.1／梁华，何弘亮

主编.—北京：人民交通出版社股份有限公司，2015.1

国家示范性中职院校工学结合一体化课程改革教材

ISBN 978-7-114-11779-4

Ⅰ.①汽…　Ⅱ.①梁…②何　Ⅲ.①汽车—故障检测—中等

专业学校—教材②汽车—车辆修理—中等专业学校—教材

Ⅳ.①U472

中国版本图书馆 CIP 数据核字（2014）第 235995 号

国家示范性中职院校工学结合一体化课程改革教材

书　　名：汽车检测与维修技术（中级学习领域一）
著 作 者：梁　华　何弘亮
责任编辑：闫东坡
出版发行：人民交通出版社股份有限公司
地　　址：（100011）北京市朝阳区安定门外外馆斜街 3 号
网　　址：http://www.ccpress.com.cn
销售电话：（010）59757973
总 经 销：人民交通出版社股份有限公司发行部
经　　销：各地新华书店
印　　刷：北京市密东印刷有限公司
开　　本：787×1092　1/16
印　　张：12.25
字　　数：263 千
版　　次：2015 年 1 月　第 1 版
印　　次：2020 年 1 月　第 3 次印刷
书　　号：ISBN 978-7-114-11779-4
定　　价：28.00 元

（有印刷、装订质量问题的图书由本公司负责调换）

国家示范性中职院校工学结合一体化
课程改革教材编审委员会

前　言

随着我国汽车产业的迅速发展,汽车保有量快速攀升,汽车后市场空前繁荣,汽车维修行业面临机遇和挑战。目前,汽车维修行业专业人才紧缺现象日益突出,从业人员文化水平、业务知识、操作技能、环保意识、道德素养等方面亟待提高,迫切需要加强学习能力培养和职业技能训练。为此,广西交通技师学院在国家级中等职业教育改革发展示范学校建设过程中,依托校企合作、工学结合,根据汽车检测与维修、汽车钣金技术、汽车营销、物流管理四个重点建设专业培养方案,组织编写了这套国家示范性中职院校工学结合一体化课程改革教材。

本套教材由广西交通技师学院组织,通过校企合作的形式编写,是学校与保时捷、丰田、大众、现代等汽车公司以及北京史宾尼斯机电设备有限公司、北京运华天地科技有限公司深度校企合作成果的展示。在教材编写过程中,充分调研市场,认真总结课程改革与专业教学经验,按照"工学结合四对接"(学习过程对接工作过程、专业课程对接工作任务、课程内容对接岗位标准、顶岗实习对接就业岗位)的人才培养机制,以及"产训结合,能力递进"的人才培养模式;基于学校专业人才培养方案、教学过程监控与考核评价体系,兼顾企业典型工作项目、技术培训内容,贯穿企业"7S"(整理、整顿、清扫、清洁、素养、安全和节约)管理模式;从汽车维修企业岗位需求出发,相应组织和调整教材内容,力争体现汽车专业新知识、新技术、新工艺及新方法,满足培养学生成为"与企业零接轨、能力持续发展的高技能人才"的教学需要。

本套教材是广西交通技师学院重点建设专业课程改革教材,共计4个子系列、13种教材,包含了汽车检测与维修专业7种教材:《汽车检测与维修技术(初级学习领域一)》、《汽车检测与维修技术(初级学习领域二)》、《汽车检测与维修技术(中级学习领域一)》、《汽车检测与维修技术(中级学习领域二)》、《汽车检测与维修技术(高级学习领域一)》、《汽车检测与维修技术(高级学习领域二)》、《汽车电学基础》,汽车钣金技术专业2种教材:《汽车车身修复基础》、《汽车车身修复技术》,汽车营销专业2种教材:《二手车销售实务》、《汽车商务口语》,物流管理专业2种教材:《仓储与配送》、《运输实务管理》。教材内容编排新颖,知识点清晰,图文并茂,直观性强,通俗易懂。这些教材分则独立成卷,合则融为整体,主要供中等职业院校汽车类专业教学使用,也可供汽车维修行业相关技术人员学习参考用。

本书是《汽车检测与维修技术(中级学习领域一)》,由广西交通技师学院汽车检测与维修专业教师编写,其中:黄磊编写学习项目1、学习项目2,姜绍军编写学习项目3,郭美花编写学习项目4,梁华编写学习项目5,陈雯编写学习项目6,莫春华编写学习项目7,宾菲编写学习项目8、学习项目9,何弘亮编写学习项目10,雷冰编写学习项目11,吴春凤编写学习项目12;全书由梁华、何弘亮担任主编,兰杨担任副主编,罗万庆担任主审。

本套教材编写还得到了中国汽车工程学会汽车运用与服务分会、南宁市汽车维修企业以及其他兄弟院校的支持与帮助,在此致以诚挚的谢意! 由于时间仓促,加之我们的经验和学识方面的欠缺,书中难免存在着诸多不足之处,恳请从事职业教育理论研究和汽车相关专业教学的各位同仁不吝赐教、代为斧正,我们期待着你们对我们不懈追求的支持,也诚望大家批评和指正。

教材编审委员会
2014 年 9 月

目　录

学习项目 1　更换离合器主缸、工作缸

学习任务　更换离合器主缸、工作缸

情景描述

一车主有一辆车龄 3 年的比亚迪 F3 轿车，某天发现离合器踩踏松软，分离不彻底，后到维修站检查发现主缸、工作缸均有漏油现象，导致离合器分离不彻底。经维修人员诊断，需要对该车的离合器主缸、工作缸进行更换。

学习目标

知识目标

1. 知道更换离合器主缸、工作缸的重要性；
2. 知道离合器主缸、工作缸的结构与工作原理；
3. 知道离合器主缸、工作缸的常见故障现象。

技能目标

1. 能熟练使用拆装离合器主缸、工作缸所需的工具；
2. 能按维修手册要求，规范拆装离合器主缸、工作缸。

学习内容

1. 离合器操纵机构的组成及工作原理。
2. 离合器主缸、工作缸的结构和工作原理。
3. 正确规范地拆装更换离合器主缸、工作缸。

建议课时

4 课时

学习过程

一、任务要求

初步检查判断离合器主缸、工作缸漏油,需要拆下离合器主缸、工作缸并进行更换,更换后,应解决漏油问题,离合器工作回到正常状态。

二、资料搜集

1. 离合器操纵系统中主缸、工作缸的重要性

液压式离合器操纵系统由离合器踏板、离合器主缸、离合器工作缸、油管、分离轴承、分离叉和储液罐等部件组成。

在车辆的长期使用过程中,由于离合器主缸和离合器工作缸中的活塞与缸筒内壁磨损、密封圈老化、复位弹簧弹力下降或失效,导致离合器液压系统油压下降、漏油、离合器踏板复位不良、分离轴承过早损坏等故障发生,给车辆的正常使用造成了很大影响。因此,应及时对离合器液压系统经行检修,更换离合器主缸、离合器工作缸等相关部件,保证该系统能够正常工作。

2. 离合器操纵机构组成及工作原理(图 1-1)

当踩下离合器踏板时,推杆推动主缸活塞前移,关闭主缸进油口,随着活塞继续前移,管路中油压升高,油压作用在工作缸活塞上,工作缸活塞推动分离叉前移,使分离轴承压向压盘总成的膜片弹簧,则压盘后移,离合器处于分离状态。

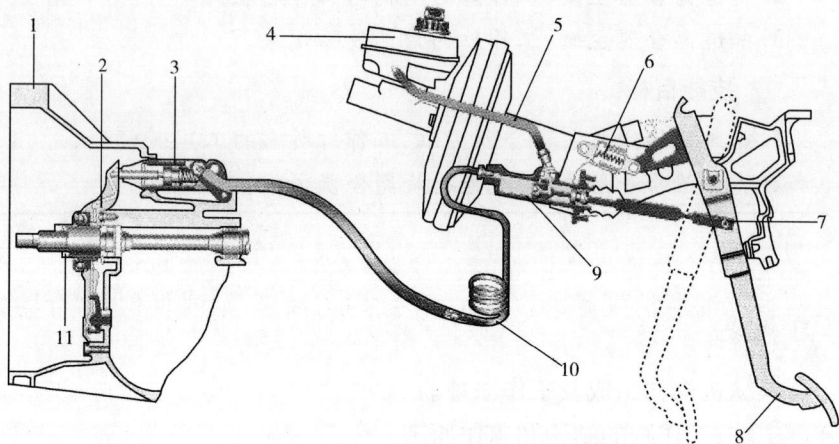

图 1-1　离合器操纵机构组成

1-变速器壳体;2-分离轴承;3-工作缸;4-储液罐;5-进油软管;6-助力弹簧;7-推杆;8-离合器踏板;9-主缸;10-油管;11-分离轴承

当放松离合器踏板时,在主缸内复位弹簧的作用下,活塞后移,管路内油压下降,随着活塞继续移动,主缸与储油罐相通的进油口打开,管路内无油压,离合器处于接合状态。

3. 离合器主缸的结构及工作原理（图1-2）

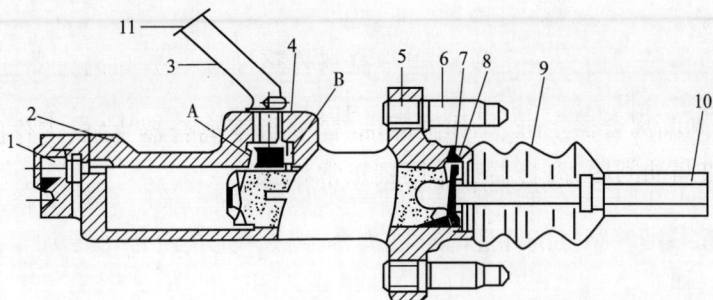

图1-2 离合器主缸结构

1-保护塞；2-壳体；3-管接头；4-皮碗；5-阀芯；6-固定螺栓；7-卡簧；8-挡圈；9-护套；10-推杆；11-保护套；A-补偿孔；B-进油孔

当踩下离合器踏板时，推杆推动活塞前移，关闭进油孔和补偿孔，工作腔内的油压随活塞继续前移而增大，通过油管传递给离合器工作缸。

当放松离合器踏板时，在复位弹簧的作用下，活塞后移，工作腔容积增大，管路中油压下降，活塞继续后移，进油孔和补偿孔打开，工作腔与储液罐相通，管路中油压消失。

4. 离合器工作缸结构及工作原理（图1-3）

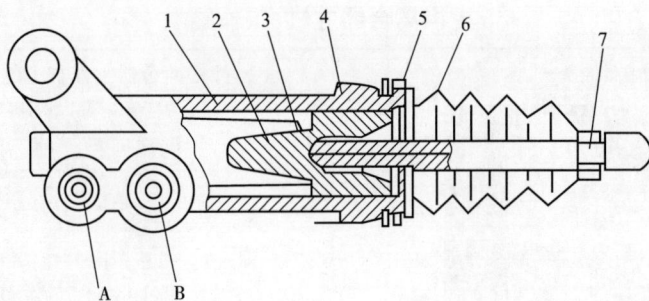

图1-3 离合器工作缸结构

1-壳体；2-活塞；3-管接头；4-皮碗；5-挡圈；6-保护套；7-推杆；A-放气孔；B-进油孔

当来自离合器主缸的油压作用到离合器工作缸活塞上时，活塞前移带动推杆，推杆推动分离叉前移，分离轴承压向膜片弹簧，使离合器处于分离状态。

当离合器主缸油压消失时，离合器工作缸内无油压，活塞复位，离合器处于接合状态。

当离合器液压系统内有空气影响离合器操纵时，可通过放气阀排放空气。

三、任务准备

1. 所需的工量具及材料

（1）设备：比亚迪（BYD）F3轿车整车一辆。

（2）工量具：数字式扭力扳手、10号、14号套筒、短接杆、快速扳手、一字螺丝刀、十字螺丝刀、尖嘴钳、钢丝钳、10号梅花扳手。

（3）材料：抹布、胶管、废油回收桶、新的离合器液。

2.拆装流程分析

1)拆卸顺序

离合器液位传感器插头→排放离合器控制管路油液→拆卸离合器主缸、工作缸各连接管路→拆卸离合器主缸→拆卸离合器工作缸。

2)安装顺序

安装离合器工作缸→安装离合器主缸→安装离合器主缸、工作缸各连接管路→添加适量离合器液→排管路空气并适时补充离合器液→把离合器液添加至足量→安装离合器液位传感器插头。

四、任务实施

进行更换离合器主缸、工作缸作业之前,应先在比亚迪 F3 车辆维修手册上找到"更换离合器主缸、工作缸"这一章节,根据维修手册的提示和说明,结合实车进行分析和探讨,制订正确合理的维修方案。在拆装过程中,严格按照维修手册的规范和要求进行操作,才能保证顺利完成更换离合器主缸、工作缸的维修作业,同时在维修过程中遵守 7S 规范。

根据比亚迪 F3 轿车维修手册更换离合器主缸、工作缸步骤见表 1-1。

更换离合器主缸、工作缸　　　　　　　　　　　　表 1-1

(1)断开液位传感器插头	(2)拧松离合器工作缸上的放(排)气螺钉
(3)接上胶管	(4)胶管的另一端置于废油回收容器中
(5)一人进入驾驶室连续踩踏离合器踏板,一人在离合器工作缸处观察,确保放油软管里的油液排尽	(6)油液排放完毕后,拆卸离合器主缸、工作缸各连接管路

续上表

（7）取下离合器主缸固定螺母及踏板连接销，拆卸离合器主缸 	（8）拧下离合器工作缸两颗固定螺钉，并将工作缸小心取下
（9）更换新的离合器主缸、工作缸，安装到位后，按照维修手册要求的力矩拧紧螺钉。 　　可靠连接各管路接头，并加入适量离合器液，准备进行排空气操作	（10）一人进入驾驶室，连续踩踏制动踏板数次，建立管路中的液压力，最后一次踩踏要保持住
（11）另一人在离合器工作缸放气螺钉处接放油软管，拧松放气螺钉，可以看到有带气泡的油液涌出。当无气泡出现时，拧紧放气螺钉 	（12）重复步骤10、11，直至确保放气螺钉处无含气泡油液出现 　　注意！排空气过程中，要随时注意离合器储液罐中的液位情况，随时添加，避免因液位过低而导致制动管路中重新混入空气

五、任务评价

对本学习任务进行评价，学生技能考核评价表见表1-2。

技能考核评价表　　　　　　　　　　　　　　　　　表1-2

班级：　　　　　　　　　组别：　　　　　　　　　姓名：

序号	考核内容	配分	评分标准	考核记录	扣分	得分
1	检查工具和设备	5	不检查不得分			
2	正确使用工具和仪器	15	工具和仪器使用不当扣10分			
3	排放离合器油液	10	方法不正确酌情扣分			
	拆卸离合器主缸、工作缸	15				
	安装离合器主缸、工作缸	20				

序号	考核内容	配分	评分标准	考核记录	扣分	得分
3	排管路空气	15	方法不正确酌情扣分			
4	遵守安全规程,操作现场整洁	10	每次扣2分,扣完为止			
	安全用电,防火,无人身设备事故	10	因操作不当发生重大事故,此项按0分计			
5	分数总计	100				

六、学习拓展

与离合器主缸、工作缸有关的常见故障分析。

1. 离合器踩踏困难

故障现象:起动发动机,踩下离合器踏板阻力较大,而且放松离合器踏板时反弹力也较大。

故障原因:

(1)离合器液压管路中有空气。

(2)离合器主缸或工作缸出现故障。

故障判断与故障排除:起动发动机,踩下离合器踏板,如果感到反弹力很强,应对离合器液压系统排气。如果排气后弹力仍很强,则应检查主缸和工作缸,如有故障,应予以排除。

2. 分离不彻底

故障现象:车辆大修后,出厂行驶数千米,突然出现离合器分离不彻底的现象,最后导致离合器完全不起作用。

检查和判断:停车检查车辆,发现离合器工作缸处有泄漏。拆下工作缸进一步分解检查,发现工作缸皮碗和缸壁间夹有砂粒。原来此车大修时未注意机件的清洁,使砂粒夹在皮碗和缸壁之间,当每次踏下离合器踏板时,由于液体压力增高,导致泄漏。

故障排除:将砂粒去除,重新加入离合器液,放气后使用,故障排除。

学习项目2　更换制动主缸、制动轮缸、制动片、制动盘(鼓)

学习任务　更换制动主缸、制动轮缸、制动片、制动盘(鼓)

情景描述

一辆比亚迪(BYD)F3轿车,进入修理厂,车主反映制动力度太小,甚至有时候会导致制动不灵。经班组长检查后发现此车制动液不足,目视检查制动片、制动盘磨损严重,左后轮制动轮缸有漏油现象,需拆下更换制动盘、制动片和制动轮缸。

学习目标

知识目标

1. 知道制动系统的组成及工作原理;
2. 掌握制动系统各组成部件正确规范的更换方法。

技能目标

能熟练按照对应车型的维修手册规范要求更换制动主缸、制动轮缸、制动片、制动盘(鼓)。

学习内容

1. 制动系统的组成;
2. 制动系统的工作原理;
3. 能按照维修手册规范要求熟练正确地更换制动主缸、制动轮缸、制动片、制动盘(鼓)。

建议课时

4课时

学习过程

一、任务要求

按照比亚迪(BYD)F3 轿车维修资料,正确更换制动轮缸、制动盘、制动片,使制动系统回到稳定可靠的工作状态。

二、资料搜集

1. 制动系统的作用

制动系统是汽车上用以使外界(主要是路面)在汽车某些部分(主要是车轮)施加一定的力,从而对其进行一定程度的强制制动的一系列专门装置。

制动系统作用是:使行驶中的汽车按照驾驶员的要求进行强制减速甚至停车;使已停驶的汽车在各种道路条件下(包括在坡道上)稳定驻车;使下坡行驶的汽车速度保持稳定。

对汽车起制动作用的只能是作用在汽车上且方向与汽车行驶方向相反的外力,而这些外力的大小都是随机的、不可控制的,因此,汽车上必须装设一系列专用装置以实现上述功能。

2. 制动系统的主要组成

(1)供能装置:包括供给、调节制动所需能量以及改善传动介质状态的各种部件。

(2)控制装置:产生制动动作和控制制动效果的各种部件,如制动踏板。

(3)传动装置:包括将制动能量传输到制动器的各个部件,如制动主缸、制动轮缸。

(4)制动器:产生阻碍车辆运动或运动趋势的部件。

制动系统一般由制动操纵机构和制动器两个主要部分组成。

制动操纵机构:产生制动动作、控制制动效果并将制动能量传输到制动器的各个部件,如制动踏板、制动轮缸和制动管路等。

制动器:产生阻碍车辆的运动或运动趋势的力(制动力)的部件。汽车上常用的制动器都是利用固定元件与旋转元件工作表面的摩擦而产生制动力矩,称为摩擦制动器。它有鼓式制动器和盘式制动器两种结构形式。

3. 制动系统的工作原理

制动系统的一般工作原理是,利用与车身(或车架)相连的非旋转元件和与车轮(或传动轴)相连的旋转元件之间的相互摩擦来阻止车轮的转动或转动的趋势。

(1)制动系统不工作时:制动蹄鼓间有间隙,车轮和制动鼓可自由旋转。

(2)制动时:要汽车减速,脚踏下制动踏板通过推杆和主缸活塞,使主缸油液在一定压力下流入轮缸,并通过两轮缸活塞推使制动蹄绕支撑销转动,上端向两边分开而以其摩擦片压紧在制动鼓的内圆面上。不转的制动蹄对旋转制动鼓产生摩擦力矩,从而产生制动力。

(3)解除制动:当放开制动踏板时,复位弹簧即将制动蹄拉回原位,制动力消失。

三、任务准备

所需的工量具及材料:

(1)设备:比亚迪(BYD)F3 轿车一辆。

(2)工量具:数字式扭力扳手、10 号、14 号套筒、21 号轮胎套筒、短接杆、快速扳手、一字螺丝刀、十字螺丝刀、漏斗、尖嘴钳、10 号梅花扳手。

(3)材料:抹布、胶管、废油回收桶、新制动液、制动盘、制动块、制动轮缸。

四、任务实施

进行更换制动系统制动盘、制动块、制动轮缸作业之前,应先在比亚迪 F3 车辆维修手册上找到"更换制动系统制动盘、制动块、制动轮缸"这一章节,根据维修手册的提示和说明并结合实车进行分析和探讨,制定正确合理的维修方案。在操作过程中,严格按照维修手册的规范和要求进行操作,才能保证顺利完成更换制动系统制动盘、制动块、制动轮缸的维修作业,同时在维修过程中遵守 7S 规范。

根据比亚迪 F3 轿车维修手册更换制动系统制动盘、制动块、制动轮缸步骤见表 2-1。

更换制动系统制动盘、制动块、制动轮缸　　　　　　　　　　　　　　　　表 2-1

(1)正确拆卸轮胎(详见轮胎拆装)	(2)举升车辆,直至车轮轴承中心位置位于胸口高度,排放制动液,拆下制动软管
(3)拆下制动卡钳螺栓 	(4)取出制动块
(5)拆下制动钳(含制动轮缸),并安装新的制动钳 	(6)安装新的制动块,反向步骤装回制动钳

(7)重新连接制动轮缸油管	(8)排尽制动管路里的空气(具体步骤详见《更换制动液》)

五、任务评价

对本学习任务进行评价,学生技能考核评价表见表2-2。

技能考核评价表 　　　　　　　　　　　　　　　　　表2-2

班级: 　　　　　　　　　　组别: 　　　　　　　　　　姓名:

序号	考核内容	配分	评分标准	考核记录	扣分	得分
1	检查工具和设备	5	不检查不得分			
2	正确使用工具和仪器	15	工具和仪器使用不当扣10分			
3	拆装轮胎,制动轮缸,制动块	15				
4	安装制动块,制动轮缸	15	顺序、方法不正确酌情扣分			
5	排尽制动管路空气过程	30				
6	遵守安全规程,操作现场整洁	10	每次扣2分,扣完为止			
7	安全用电,防火,无人身设备事故	10	因操作不当发生重大事故,此项按0分计			
8	分数总计	100				

六、学习拓展

1.保证车辆制动性能良好

制动性能良好的汽车,要求在任何速度下行驶时,通过制动措施,能在很短的时间和距离内,及时迅速地降低车速或停车。良好的制动效能对于提高汽车平均速度和保证行车安全有着重要作用。提高制动效能的主要措施如下。

1)缩短制动距离

制动器在使用过程中,由于制动蹄摩擦片和制动鼓的磨损,制动器间隙将逐渐变大。制动系统反应时间增加,将引起制动迟缓及制动力不足,使制动距离延长,制动效能降低。

制动时,制动器产生的摩擦力大小,在很大程度上还取决于制动蹄摩擦片与制动鼓接触面积的多少,接触面积增加,制动力增长时间快,制动效能就提高,制动距离也就相应缩短。在正常情况下,当产生较大摩擦力时,制动蹄摩擦片与制动鼓的接触面积应达到80%以上。使用中,由于制动器的磨损而使间隙增大后,必须进行检查调整。

2)防止制动跑偏

制动时,汽车自动偏离原行驶方向,这种现象叫制动跑偏。一旦制动跑偏很容易造成撞车、下路掉沟甚至翻车等严重事故。为提高制动的稳定性,保证行车安全,在紧急制动时,不允许汽车有明显的跑偏现象。

制动跑偏的原因主要是前轮左右车轮制动力不等,制动时就形成绕重心的旋转力矩,使汽车有发生转动的趋势,因而易出现制动跑偏现象。为了避免跑偏,在使用中,应注意使左右车轮制动器间隙、制动蹄复位弹簧拉力保持一致。

在更换摩擦片时,应选用同一型号和批次产品,加工精度和接触面应符合要求。并防止摩擦片出现硬化层,沾有油污,制动鼓失圆或有沟槽等。

2.怎样防止汽车侧滑

(1)制动时汽车的侧滑:汽车在行驶中,常因制动、转向或其他原因,引起汽车偏离原定的行驶方向,造成侧向滑移,甚至翻车。特别在紧急制动或急转向时,汽车侧滑、翻车更为严重。

汽车制动时侧滑,常出现前轮侧滑和后轮侧滑两种现象。若前轮先抱死,就容易前轮侧滑,偏离行驶方向,同时失去操纵性,但由于侧滑后能有自动恢复直线行驶的趋势,偏离行驶方向角度较小,汽车处于稳定状态。若后轮先抱死,就容易引起后轮侧滑,侧滑后能自动增大偏离行驶方向的角度,加速侧滑的趋势,汽车处于不稳定状态。制动侧滑是很危险的,特别是后轮侧滑,容易引起翻车伤人。

①在使用中,应尽量避免侧滑现象。保持制动器技术状况良好,使前后轮均有可靠的制动效能。

②在路况复杂、视线不良的路段,应控制车速,以减少紧急制动,避免引起侧滑甚至翻车事故,特别在泥泞、雨天的柏油路面行驶时,更需加倍小心驾驶。但由于负载和附着情况变化的影响,很难避免汽车侧滑。当汽车后轮出现侧滑时,应及时朝后轮侧滑的一边方向适当转动转向盘,以消除离心力的影响,侧滑即可停止。

③现代汽车制动系统中,有的加设一种防抱死制动装置,制动时,将滑动率控制在10%～30%的范围内,能得到最大的附着系数,使车轮处于半抱死半滚动状态,充分利用附着力,获得理想的制动效果。试验证明,装有自动防抱死制动装置的汽车,在制动时,不仅有良好的防侧滑能力和转向性能,同时缩短了制动距离,减少了轮胎磨损,有利于行车安全。

(2)转向时汽车的侧滑:汽车在转向时,侧滑现象时有发生,一般常把汽车抵抗侧滑和翻车的能力,称为转向稳定性。为提高汽车的转向稳定性,必须懂得汽车转向时影响侧滑和翻的因素,以及相互之间的关系。从而根据行驶条件,采取有效措施,保证行车安全。

当汽车转向时,汽车有向外甩的力叫离心力。它的大小与汽车质量、转向时车速、转向半径等因素有关。汽车在平路上转向时,引起侧滑的主要是离心力,如离心力达到附着力时,车轮即开始向外滑动。所以侧滑的条件是:离心力等于附着力。

汽车转向时的侧滑和翻车主要是由离心力引起的。因此,在转向时尽量减小离心力是保证行车安全的首要因素。在转向时,必须根据道路情况,及时降低车速,用低速挡通过。同时,转动转向盘不能过猛,因为转向轮的回转角度加大,就增加了侧滑和翻车的可能性。特别是急转弯路、视线不良、路面潮湿和重车的情况下,更要谨慎驾驶,以防发生事故。

在急转弯时,应提前降低车速,单纯地依靠制动,用边降速边转向的办法是很危险的,因为在这种情况下除了离心力外还有制动力,两者的合力就容易达到附着力,因而引起侧滑。

另外,要合理装载,既要掌握装载高度,又要装载平稳、均匀,捆扎牢固,避免偏于一侧。因为汽车装载越高其重心也高,在附着系数较大的道路或凹凸不平的道路上转向时,翻车的可能性就会增加。

汽车上用以使外界(主要是路面)在汽车某些部分(主要是车轮)施加一定的力,从而对其进行一定程度的强制制动的一系列专门装置统称为制动系统。其作用是:使行驶中的汽车按照驾驶员的要求进行强制减速甚至停车;使已停驶的汽车在各种道路条件下(包括在坡道上)稳定驻车;使下坡行驶的汽车速度保持稳定。

对汽车起制动作用的只能是作用在汽车上且方向与汽车行驶方向相反的外力,而这些外力的大小都是随机的、不可控制的,因此,汽车上必须装设一系列专门装置以实现上述功能。

学习项目3 检查、添加、更换助力转向器油、检查更换转向助力泵

学习任务 检查、添加、更换助力转向器油、检查更换转向助力泵

情景描述

车主反映其比亚迪 F3 轿车转向时有异响,并且转向沉重。经修理厂师傅检查后发现异响来自转向助力泵。需更换转向助力泵,以排除故障。

学习目标

★ 知识目标

1. 知道转向助力泵的功用及工作原理;
2. 知道助力转向器、转向助力泵的类型;
3. 知道助力转向器、转向助力泵的常见故障现象。

★ 技能目标

1. 能独自完成检查、添加、更换助力转向器油、拆装转向助力泵的材料准备;
2. 能按维修手册要求规范检查、添加、更换助力转向器油,会使用工具拆装转向助力泵;
3. 能检查判断助力转向器、转向助力泵的好坏;
4. 能根据实际情况,正确制定检查、添加、更换助力转向器油及检查更换转向助力泵的基本工艺流程;
5. 操作过程中能遵守安全操作规范和 7S 现场管理要求。

学习内容

1. 助力转向器、转向助力泵的类型,助力转向系统的组成;
2. 转向助力泵的功用及工作原理;
3. 检查助力转向器、转向助力泵的工作状况;
4. 按照技术要求完成就车检查、添加、更换助力转向器油及转向助力泵。

建议课时

20 课时

学习过程

一、任务要求

该项目需要拆装转向助力泵,要求学生能熟练使用举升机,会检查、添加、更换助力转向器油及其操作注意事项,装复前后能检查动力转向系统的工作状况及其零部件的好坏。

二、资料搜集

1. 汽车转向系统的功用、分类、组成

汽车转向系统的功用是将驾驶员施予转向盘的力通过转向器、横直拉杆、转向节等传到转向轮,使转向轮发生偏转,从而使汽车沿着驾驶员希望的方向行驶。按转向能源的不同分为:机械转向系统和动力转向系统两大类。转向系统主要由转向操纵机构、转向器、转向传动机构组成。在机械式转向系统中,转动转向器所需的力,全部由驾驶员提供。

2. 动力转向系统的功用、类型

动力转向系统的功用是通过减小转动转向盘所需的力,降低驾驶员的疲劳程度并提高行车安全性。不同类型的动力转向系统的动力源分别来自压缩空气、电力和液压。

气压助力转向系统主要应用于一部分汽车前轴最大轴载质量为 3~7t 并采用气压制动系统的货车和客车。电动助力转向(Electric Power – assistant Steering—EPS)系统是指利用直流电动机提供转向动力,辅助驾驶员进行转向操作的转向系统,其在轿车上有良好的应用效果和发展前景。目前液压助力转向系统已在各类各级汽车上获得广泛应用。

3. 液压助力转向系统的优点、分类

液压助力转向(Hydraulic Power – assistant Steering—HPS)系统的工作压力较高,部件尺寸较小,液压系统工作时无噪声,工作滞后时间短,并能吸收来自不平路面的冲击。按照系统内部的压力状态不同,液压助力转向系统可分为常压式和常流式两种。

(1)常压式液压助力转向系统中,无论转向盘处于中间位置还是转向位置,也无论转向盘保持静止还是运动状态,该系统工作管路中总是保持高压,目前只有少数重型汽车采用常压式液压助力转向系统。

(2)常流式液压助力转向系统则广泛应用于各种汽车。液压助力转向系统按结构形式可分为转向摇臂式助力转向器、齿轮齿条式助力转向器。

4. 液压助力转向装置的组成、工作原理

液压助力转向装置主要由整体式助力转向器、转向助力泵、转向油罐、油管等组成。液压助力转向装置如图 3-1 所示。转向油罐的作用是储存、过滤并冷却液压助力转向系统的工作油液。助力转向器油起着动力传递介质的作用。转向助力泵是液压助力转向系统的供能装置,其作用是将输入的机械能转换为液压能输出。整体式助力转向器的作用是承接来自转向盘的力与力矩、液压系统的液压力,减速、增矩、改变力的方向后将力与运动传给横拉杆等转向传动装置,从而使汽车沿着驾驶员希望的方向行驶。

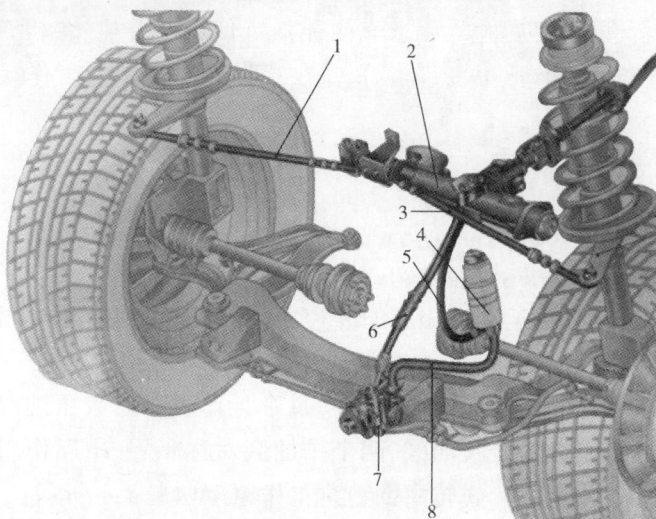

图 3-1　液压助力转向装置的组成示意图

1-右横拉杆;2-助力转向器;3-左横拉杆;4-转向油罐;5-低压油管;6-高压油管;7-叶片式转向助力泵;8-吸油管

转向助力泵的类型很多,常用的有齿轮式、叶片式、转子式和柱塞式等,其中齿轮式转向助力泵的构造及工作原理与发动机润滑系统中的齿轮式机油泵类似。本书介绍三种类型的转向助力泵,如图 3-2 所示。

a) 叶片型　　　　　b) 滑块型　　　　　c) 滚柱型

图 3-2　三种类型转向助力泵

叶片式转向助力泵的构造如图 3-3 所示。

三种类型的转向助力泵工作原理相同。转动时,泵的中心可在一定范围内移动;吸油口和压油口分别位于壳体的两侧。随着转向助力泵转子的转动,进油腔容积越来越大,产生负压,吸油口产生吸力,低压油进入泵里。在转子的另一侧,油腔容积越来越小,就形成了高压。叶片式转向助力泵转子上开有均布槽,叶片安装在转子槽内,并可在槽内滑动。定子内表面由两段大半径的圆弧、两段小半径的圆弧和过渡圆弧组成腰形结构。转子和定子同圆心。转子在传动轴的带动下旋转,叶片在离心力和动压作用下紧贴

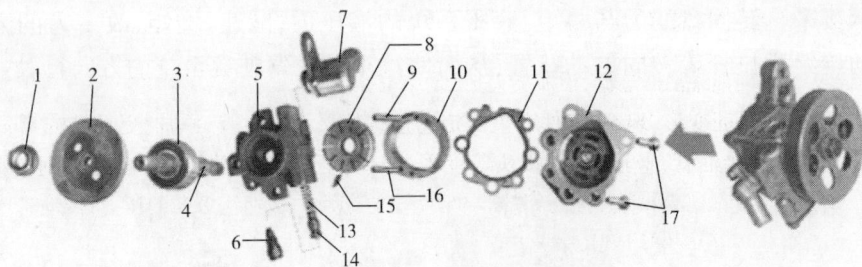

图 3-3　叶片式转向助力泵分解图

1-紧固螺母;2-带轮;3-轴承;4-轴;5-前壳体;6-压力管接头;7-吸入口接头;8-转子;9、16-直销;10-凸轮圈;11-密封垫;12-后壳体;13-弹簧;14-流量控制阀;15-叶片;17-紧固螺栓

定子表面,并在槽内作往复运动。相邻的叶片之间形成密封腔,其容积随转子由小到大、由大到小周期变化,当容积由小变大时形成一定真空度吸油;当容积由大变小时,压缩油液,由压油口向外供油。转子每旋转一周,每个工作腔各自吸压油两次,称为双作用。双作用叶片式转向助力泵两个吸油区、两个排油区对称布置,所以作用在转子上的油压作用力互相平衡。双作用叶片式转向助力泵工作原理如图 3-4 所示。

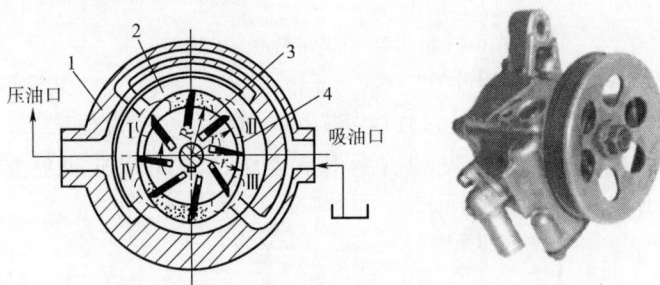

图 3-4　双作用叶片式转向助力泵工作原理示意图

1-泵体;2-定子环;3-转子;4-叶片

5. 助力转向器、转向助力泵的常见故障现象、原因与排除方法

(1)汽车转向系统技术状况的好坏对汽车的行驶安全有着重要的影响。对转向系统故障进行诊断时,除考虑转向系统方面的原因外,还应考虑行驶系统方面的原因。本项目只介绍助力转向器、转向助力泵相关的常见故障现象、原因与排除方法。转向助力泵加工精度要求高,由于工作的介质是液压油,其内腔的清洁度要求很高,阀、内部组件配合间隙很小。故在安装、使用上必须严格控制,以达到使用寿命长的效果。助力转向器、转向助力泵的常见故障现象、原因与排除方法见表 3-1。

(2)在使用液压助力转向的汽车时应注意以下几点:

①经常检查转向油罐中的助力转向器油面,保持在规定刻度范围内。

②应添加规定规格的助力转向器油,不能混加。

③助力转向的汽车转向盘打到极限位置,不应超过 10s。打死转向盘,会引起助力转向器和转向高压油管内的油压增大,超过 10s 会加速转向系统的损害。

助力转向器、转向助力泵的常见故障现象、原因与排除方法　　　表 3-1

常见故障现象	故 障 原 因	故 障 排 除 方 法
转向沉重或助力不足	转向油罐油面过低、油质变差、系统中有空气。机件外壳变形、裂纹、机件有关固定连接螺栓松动,连接油管、卡箍、油管接头等变形、阻塞、老化、弯折、堵塞破裂、松动、漏油。叶片泵的叶片磨损严重,转向助力泵传动带松弛,助力转向器内油封等密封件老化、变形、漏油,导致系统油压过低。转向控制阀发卡	检查、添加、更换转向器油并排空气,调整传动带松紧度,对传动带中间施加约98N 的压力,传动带的挠度应为 10～20mm,维修或更换助力转向器、转向助力泵
转向时有噪声	转向油罐油面过低。转向助力泵传动带损坏、松弛。齿轮、齿条、叶片泵的叶片、轴承等零件烧蚀、磨损、间隙变大,助力转向器、转向助力泵磨损严重	检查添加更换转向器油并排空气,更换调整传动带松紧度,对传动带中间施加约98N 的压力,传动带的挠度应为 10～20mm,维修或更换助力转向器、转向助力泵
转向盘回正过度	转向液压系统内有空气。助力转向器固定螺栓松动,助力转向器啮合间隙过大	排除系统中空气。紧固助力转向器,调整可改变助力转向器啮合间隙的螺栓或更换助力转向器
转向盘颤抖或振动	转向油罐油面过低。转向助力泵传动带松弛,转向助力泵泵油压力不足,转向助力泵流量控制阀卡滞	检查、添加、更换转向器油并排空气,调整传动带松紧度,维修或更换转向助力泵
左右转向时轻重不同	控制阀的滑阀偏离中间位置,滑阀内有脏物,使左右移动时阻力不一样	维修或更换助力转向器总成
转向盘不能自动回到中间位置	转向助力泵流量控制阀卡滞,助力转向器转阀阻塞或卡滞,回油软管扭曲阻塞	维修或更换助力转向器、转向助力泵、回油软管
转向盘瞬间转向力增大	转向油罐油面过低。转向助力泵传动带打滑,转向助力泵内泄漏量过大	检查、添加、更换转向器油并排空气,调整传动带松紧度,维修或更换转向助力泵

④平时注意转向时是否很沉,是否有异响。如果有,就应检查助力转向器油油面高度、转向助力泵传动带、转向助力泵压力等。

三、任务准备

1. 所需的设备、工量具及材料

(1)设备:比亚迪 F3 轿车、举升机等。

(2)工量具:小号快速扳手(配 10mm、13mm、16mm 短套筒),13～16mm、26mm 梅花扳手,中号一字螺丝刀,吸管,漏斗,管口堵头(塞子),接油壶,接油盆,1m 长塑料管,手电筒等。

（3）材料：座椅套、转向盘套、脚垫、变速杆套、转向助力泵、助力转向器油、干净的抹布、手套等。

2.作业流程分析

（1）检查、添加、更换助力转向器油操作步骤：检查助力转向器油油面→系统泄漏检查→添加助力转向器油→排放助力转向器油→清洗系统油路→加注助力转向器油→系统排气。

（2）更换转向助力泵操作步骤：排放助力转向器油→拆卸转向助力泵→安装转向助力泵→检查调整传动带松紧度→添加助力转向器油，清洗系统油路→加注助力转向器油，系统泄漏检查→系统排气→加注助力转向器油，检查助力转向器油油面。

四、任务实施

因为检查、添加、更换助力转向器油与更换转向助力泵的操作步骤中有许多相同之处，所以下面只以更换比亚迪 F3 汽车转向助力泵的具体操作步骤作详细说明。

1.排放助力转向器油

排放助力转向器油的具体操作步骤见表3-2。

排放助力转向器油的具体操作步骤　　　　　　　　　　　表 3-2

（1）操纵举升机，将车辆举升至轮胎最低点距离地面约30cm 的高度，并可靠锁止举升臂	（2）打开转向油罐加油口盖，用吸管将转向油罐内油液吸干
（3）拆下转向油罐上的回油管	（4）将接油软管套装在来自转向器的回管胶管上
（5）放置接油盆在适当位置	（6）起动发动机并保持息速运转，同时左右转动转向盘至极限位置 10 次左右。（通过转动转向盘，可以将转向助力泵和转向器动力油缸内的助力转向器油排放出来）
（7）学生甲观察接油容器内无助力转向器油排出后，告知学生乙停止发动机运转和转动转向盘。（此时液压助力转向系统中的助力转向器油排放完毕）	

2. 拆卸转向助力泵

拆卸转向助力泵的具体操作步骤见表3-3。

拆卸转向助力泵的具体操作步骤 　　　　　　表3-3

（1）拆下转向助力泵及空调压缩机连接器  	（2）学生甲在驾驶室起动起动机，直至转向助力泵左侧与其安装支架固定螺栓分别与转向助力泵的带轮上的窗孔对正（拉紧驻车制动器操纵杆，变速杆置于空挡位置）；学生乙拧松转向助力泵左侧与其安装支架固定螺栓 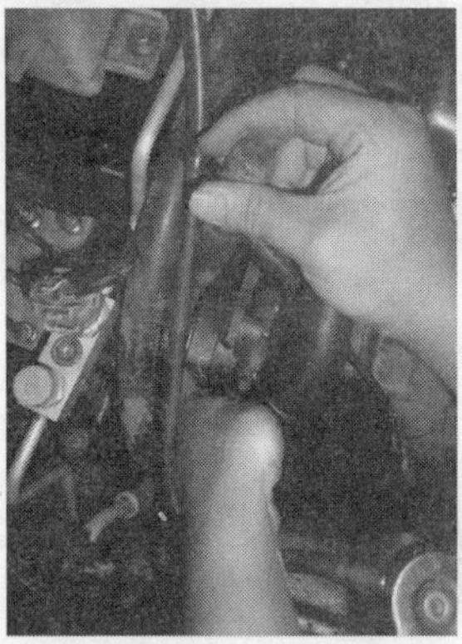
（3）学生乙拧松转向助力泵上部右侧与其安装支架固定螺栓  	（4）拆下转向助力泵的进油胶管
（5）拆下转向助力泵的出油管及固定螺栓等 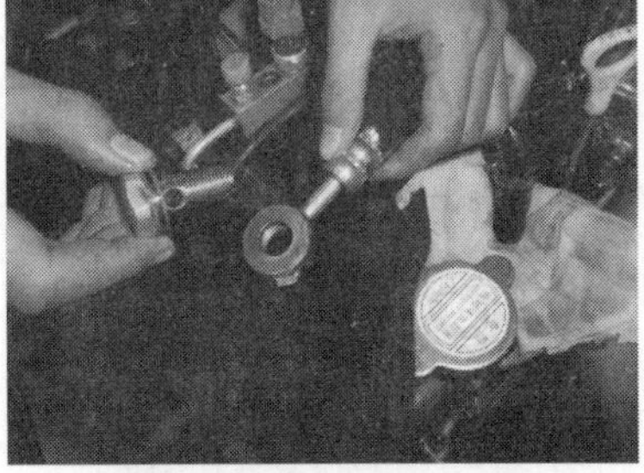 	（6）学生乙拧松转向助力泵下部传动带松紧度调整螺栓（位于出油口大螺栓正下方），使传动带充分放松 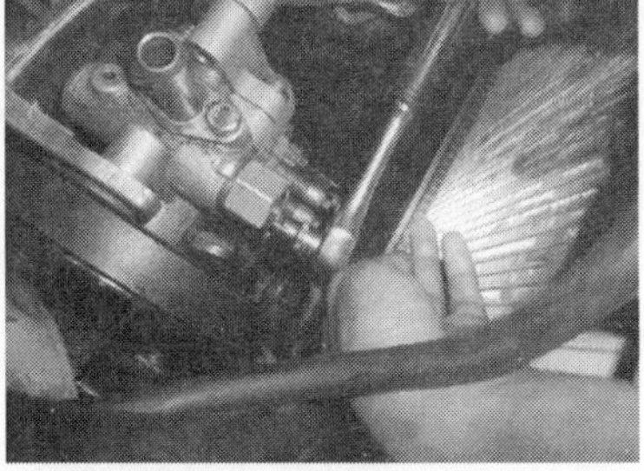

续上表

(7)从转向助力泵带轮上取下传动带	(8)将汽车举升至适当高度后可靠锁止,取出转向助力泵传动带
(9)检查传动带应齿槽完好,无裂纹、破损、老化、油污等现象,否则换用新品 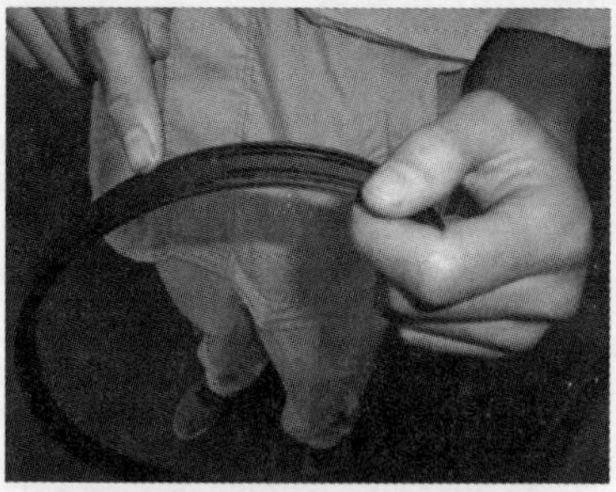	(10)将车辆下降至轮胎着地后,拆下转向助力泵固定螺栓和调整螺栓
(11)取出转向助力泵	(12)检查维修或换用新品。转向助力泵其带轮应完好不变形,转动灵活,工作油压正常,不漏油,无异响。观察转向助力泵的安装调整方法

3. 安装转向助力泵

安装转向助力泵的具体操作步骤见表3-4。

安装转向助力泵的具体操作步骤 表3-4

(1)安装转向助力泵的固定螺栓与调整螺栓	(2)将汽车举升至适当高度后可靠锁止,将转向助力泵传动带先安装在曲轴带轮与空调压缩机带轮上
(3)将车辆下降至轮胎离地面约30cm的高度,并可靠锁止举升臂。调整传动带并将其安装在转向助力泵带轮上	(4)调整带轮窗孔位置后,适当拧紧转向助力泵左侧下部固定螺栓,使其从左向右水平穿进长方体调整块的圆孔中,拧紧调整螺栓至传动带张紧合适
(5)拧紧转向助力泵固定螺栓	(6)安装转向助力泵进油管 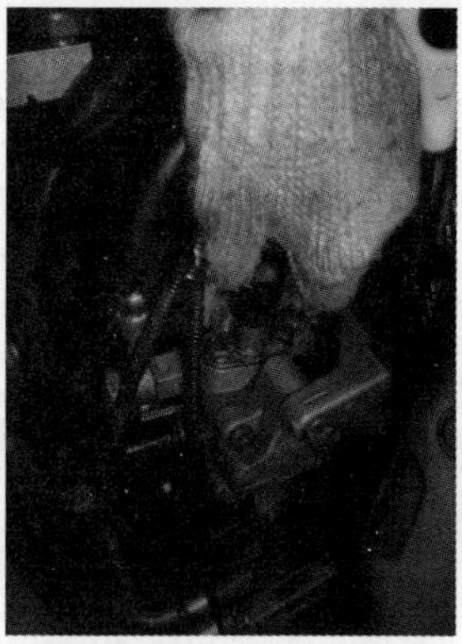

续上表

（7）安装转向助力泵出油管与其固定螺栓 	（8）分别安装空调压缩机及转向助力泵连接器
（9）将汽车举升至适当高度后可靠锁止，检查转向助力泵的传动带松紧度（利用拇指、食指用力在曲轴带轮与空调压缩机带轮之间的中间位置扳转传动带。如能刚好扳转约90°角度为合适，如果不足90°，说明传动带太紧，应将调整螺栓逆时针拧松调节；如果超过90°，说明传动带太松，应将调整螺栓顺时针拧紧调节，待调整完毕） 按规定力矩拧紧转向助力泵与其支架的固定螺栓	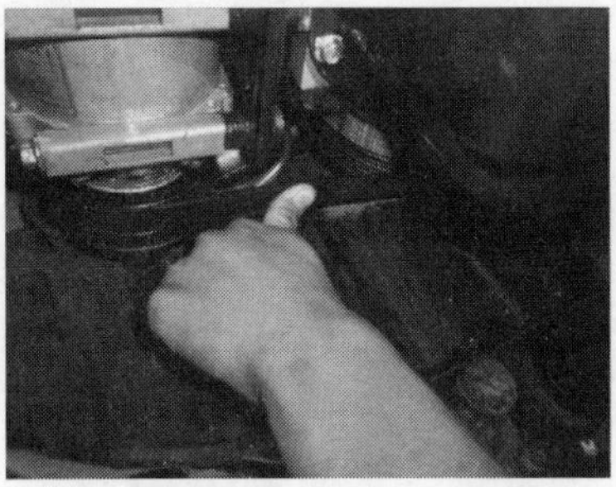

4．添加助力转向器油，清洗系统油路

添加助力转向器油，清洗系统油路的具体操作步骤见表3-5。

添加助力转向器油，清洗系统油路的具体操作步骤　　　　表3-5

（1）将车辆下降至轮胎离地面约 30cm 的高度，并可靠锁止举升臂。用合适的堵头堵紧转向油罐回油管口 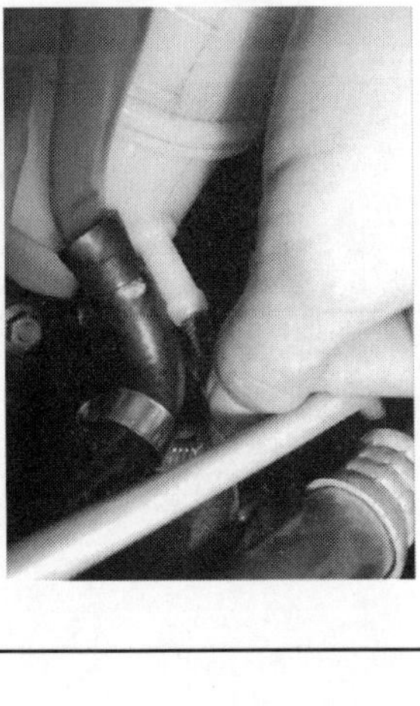	（2）向转向油罐加入清洁的助力转向器油，直到油面达到标尺的"MAX"刻度线，以便清洗油路

(3)学生甲起动发动机并保持怠速运转,同时左右转动转向盘至极限位置10次左右。(通过新的助力转向器油在液压管路内循环流动,可将系统中残留油液和管路、动力油缸内的油渍等冲洗干净。) 学生乙注意观察转向油罐内油液存量,不足时及时添加	(4)学生乙观察接油容器内,系统中排出的助力转向器油状况,如果油液呈清亮透明色泽,则证明系统油路已清洗干净。告知学生甲停止发动机运转和转动转向盘。至此液压助力转向系统的油路清洗完毕

5. 加注助力转向器油,系统泄漏检查

加注助力转向器油,系统泄漏检查的具体操作步骤见表3-6。

加注助力转向器油,系统泄漏检查的具体操作步骤　　　　表3-6

(1)取出转向油罐回油管堵头、排油软管,将转向器回油管安装到转向油罐回油管接口上	(2)添加助力转向器油,起动发动机并保持怠速运转,学生甲转动转向盘至极限位置并保持不变。发动机运转,转向盘处于转向极限位置。此时液压助力转向系统中的油压最大,便于进行泄漏检查
(3)检查转向油罐回油管、出油管是否泄漏	(4)检查转向助力泵进油管、出油管等是否泄漏

（5）将汽车举升至适当高度后可靠锁止，检查助力转向器各油管是否泄漏	（6）拆开助力转向器防尘套，检查助力转向器是否损坏泄漏

6. 系统排气

系统排气的具体操作步骤见表3-7。

系统排气的具体操作步骤　　　　表3-7

（1）排放液压助力转向系统中的空气。确认液压助力转向系统无损坏泄漏后，将车辆下降至轮胎离地面约30cm的高度，并可靠锁止提升臂。添加助力转向器油，左右转动转向盘至极限位置10次左右。保持车轮离地状态，排放系统内空气，可使转向省力。发动机不运转，液压转向助力系统不工作，更有利于系统内大量空气排放。注意观察转向油罐中的油量变化，必要时添加补足	（2）学生甲观察转向油罐中空气排放情况。当系统中存有空气时，随着转向盘的转动，转向油罐内会有气泡冒出。当转向油罐中不再有气泡出现后，学生乙操纵举升机，将车辆降落到地面上。学生乙起动发动机并保持怠速运转。学生甲再次左右转动转向盘至极限位置10次左右。起动发动机后，液压助力转向系统建立起油压。转动转向盘时，既有利于排出系统内的残余空气，又可以检验系统的工作性能。系统中还存留少量空气，但在行车10～20km后，空气会自动逸出

7. 加注助力转向器油，检查助力转向器油油面

加注助力转向器油，检查助力转向器油油面的具体操作步骤见表3-8。

加注助力转向器油,检查助力转向器油油面的具体操作步骤　　表3-8

(1)加注并检查助力转向器油油面高度。车辆停驻在平坦地面上,保持前转向车轮处于直线行驶状态。学生甲进入驾驶座,将转向盘上的车标调整为朝向正前方向。调整转向盘时,可将转向盘从一端极限位置旋转到另一端极限位置,然后退回到中间位置。此时,转向盘上的车标应朝向车辆正前方向。学生乙在车辆前方,观察车辆两前车轮应保持直线行驶状态。车辆在直线行驶状态下,液压助力转向系统不工作,系统内助力转向器油不受挤压。只有在此条件下,方可进行液压助力转向系统的油面检查作业 	(2)液压助力转向系统的转向油罐,安装在发动机舱内蓄电池的对面位置。学生甲检查转向油罐内油面高度,应位于"MAX"和"MIN"刻度线之间。若油面低于"MIN"刻度线,应补充添加助力转向器油;若油面高于"MAX"刻度线,应吸出多余油液。发动机运转时转向油罐油面高度应比发动机熄火5min后油面高约5mm

五、任务评价

对本学习任务进行评价,学生技能考核评价表见表3-9。

技能考核评价表　　表3-9

班级:　　　　　　　组别:　　　　　　　姓名:

序号	考核内容	配分	评分标准	考核记录	扣分	得分
1	工具、材料的检查与准备	5	未做一项扣2分			
2	安装转向盘套、座椅套、脚垫、变速杆套,挂入空挡、拉起驻车制动器操纵杆	5	未做一项扣2分			
3	排放助力转向器油	10	未正确排放助力转向器油,每错漏一处扣3分			
4	拆卸转向助力泵	10	未正确拆卸转向助力泵,每错漏一处扣3分			
5	安装转向助力泵	10	未正确安装转向助力泵,每错漏一处扣3分			

续上表

序号	考核内容	配分	评分标准	考核记录	扣分	得分
6	添加助力转向器油	5	未及时添加助力转向器油扣5分			
7	清洗油路	10	清洗方法不正确一次扣3分			
8	加注助力转向器油	5	未及时加注助力转向器油扣5分			
9	系统泄漏检查	10	系统泄漏检查错漏一处扣3分			
10	排液压系统中空气	10	排液压系统中空气错漏一处扣3分			
11	检查助力转向器油油面高度	10	检查助力转向器油油面高度方法、步骤、结果错误一次扣3分			
12	遵守安全规程,正确使用工量具,操作现场整洁	10	每项错误扣2分,扣完为止			
	安全用电,防火,无人身设备事故		因操作不当发生重大事故,此项按0分计			
13	分数总计	100				

六、学习拓展

按照转向动力源来分,目前汽车转向系统可分为纯人力转向和动力辅助转向两种。其中,后者又大致经历了机械机构助力转向、液压助力转向和电动助力转向 EPS(Electric Power Steering)这三个阶段。现在,动力转向系统已成为轿车的标准设置。随着汽车电子技术的发展,目前一些轿车已经使用电动助力转向器,使汽车的经济性、动力性和机动性都有所提高。

电动助力转向系统的英文缩写叫"EPS"(Electrical Power Steering),它利用电动机产生的动力协助驾驶员进行转向。结构组成如图 3-5 所示。汽车转向时,转矩传感器检测到转向盘的力矩和转动方向,将这些信号输送到电控单元,电控单元根据转向盘的转动力矩、转动方向和车辆速度等数据向电动机控制器发出信号指令,使电动机输出相应大小及方向的转动力矩以产生助动力。当不转向时,电控单元不向电动机控制器发信号指令,电动机不工作。同时,电控单元根据车辆速度信号,通过电液转换器确定输给转向盘的作用力,减少驾驶员在高速行驶时转向盘"飘"的感觉。

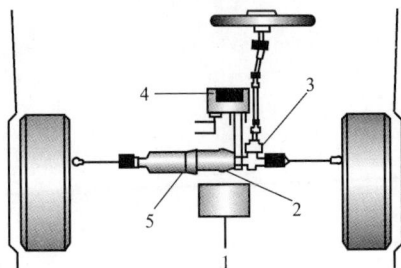

图 3-5　电子动力转向系的组成
1-蓄电池;2-电动机;3-转矩传感器;4-EPS控制单元;5-转向器

由于电动助力转向系统只需电力不用液压,与机械式液压助力转向系统相比较省略了许多元件。没有液压系统所需要的转向助力泵、油管、压力流量控制阀、转向油罐等,零件数量少,布置方便,质量轻。而且无"寄生损失"和液体泄漏损失。因此,电动助力转向系统在各种行驶条件下均可节能80%左右,提高了汽车的运行性能。因此,在近年得到迅速的推广,也是今后助力转向系统的发展方向。

有一些汽车冠以电动助力转向,其实不是真正意义上的纯电动的助力转向,它还需要液压系统,传统的液压助力转向系统的转向助力泵由发动机驱动。为保证汽车原地转向或者低速转向时的轻便性,转向助力泵的排量是以发动机怠速时的流量来确定的。而汽车行驶中大部分时间处于高于怠速的速度和直线行驶状态,只能将转向助力泵输出的油液大部分经控制阀回流到转向油罐,造成很大的"寄生损失"。为了减少此类损失采用了电动机驱动油泵,当汽车直线行驶时电动机低速运转,汽车转向时电动机高速运转,通过控制电动机的转速调节油泵的流量和压力,减少"寄生损失"。随着汽车业的发展,电子技术在汽车上得到越来越广泛的应用。作为汽车重要安全部件之一的转向系统,也在向电子技术靠拢,如电动助力转向器、使用无刷电动机的转向器、线控动力转向系统等。

学习项目4 轮胎检查、换位及车轮动平衡检测

学习任务 轮胎检查、换位及车轮动平衡检测

情景描述

某用户的五菱荣光汽车,反映在高速行驶时有车轮抖动、转向盘振动的现象。经维修人员诊断,需对该汽车轮胎进行外观检查、车轮动平衡检查及车轮换位。

学习目标

知识目标

1.了解车轮和轮胎的结构;

2.了解汽车轮胎常见的磨损形式及造成磨损的原因。

技能目标

1.能熟练完成轮胎的检查工作;

2.能熟练进行汽车轮胎的换位操作;

3.能熟练操作车轮动平衡机,独立完成车轮动平衡的检测工作。

学习内容

1.轮胎常见的磨损形式及造成磨损的原因;

2.轮胎的检查方法;

3.车轮的换位操作;

4.轮胎动平衡的检查。

建议课时

8课时

学习过程

一、任务要求

本操作项目要求学生能独立正确完成轮胎的检查、换位操作及轮胎动平衡试验。

二、资料搜集

1. 车轮

1）车轮的功用

承受地面与车桥之间的各种载荷。

2）车轮的组成

如图4-1所示，车轮主要由轮胎、轮辋、轮辐等组成。

图4-1　车轮构造

2. 轮胎的分类

汽车轮胎分为有内胎轮胎和无内胎轮胎(俗称真空胎)两种。按照轮胎的结构不同，轮胎可分为子午线轮胎和斜交轮胎。

(1)子午线轮胎(RADIAL)如图4-2所示，其胎体帘线与钢丝带束层帘线之间所形成的角度，就像地球的子午线一样，所以顾名思义称为子午线轮胎。

(2)斜交轮胎(BIAS)如图4-3所示，其胎体帘线层与层之间，呈交叉排列，所以称为斜交轮胎。

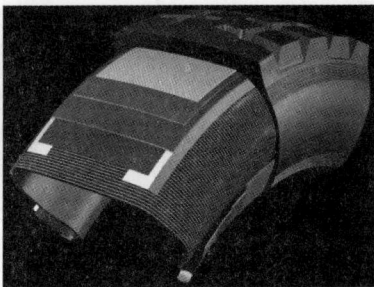

图4-2　子午线轮胎

图4-3　斜交轮胎

3. 轮胎的规格

1）子午线轮胎规格

如：195/60R1485H(上海桑塔纳2000GSi轿车轮胎)，其含义如下：

(1)195：轮胎宽度195mm(货车子午线轮胎的宽度一般用英寸(in)为单位)。

(2)60：扁平比为60%(扁平比为轮胎高度H与宽度B之比。扁平比有60、65、70、75、80五个级别)。

(3)R：子午线轮胎，即"Radial"的第一个字母。

（4）14：轮胎内径 14in。

（5）85：荷重等级，即最大载荷质量。荷重等级为 85 的轮胎的最大载荷质量为 515kg。

（6）H：速度等级，表明轮胎能行驶的最高车速。H 的最高车速为 210km/h。

2）斜交轮胎的规格

表示方法：B – d，单位 in（英寸）。9.00 – 20 表示轮胎宽度为 9.00in、轮胎内径为 20in 的斜交轮胎。

4. 轮胎常见故障诊断

轮胎异常磨损是轮胎的常见故障。

1）胎肩或胎面中间磨损

现象：轮胎的胎肩和胎面中间出现的磨损，如图 4-4 所示。

图 4-4　胎肩或胎面中间磨损

磨损原因：集中在胎肩或胎面中间的磨损，主要是由于未能正确保持充气压力所致。如果轮胎充气压力过低，轮胎的中间便会凹入，将载荷转移到胎肩上，使胎肩磨损快于胎面中间。另一方面，如果充气压力过高，轮胎中间便会凸出，承受了较大的载荷，使轮胎中间磨损快于胎肩。

故障排除步骤：

（1）检查是否超载。

（2）检查轮胎气压力。如果胎压过高或过低，则应调整胎压。

（3）调换轮胎位置。

2）内侧或外侧磨损（单边磨损）（图 4-5）

磨损原因：

（1）在过高的车速下转弯会造成转弯磨损。转弯时轮胎滑动，便产生了斜形磨损。

（2）悬架部件变形或间隙过大，会影响前轮定位，造成不正常的轮胎磨损。

（3）如果轮胎面某一侧的磨损，快于另一侧的磨损，其主要原因可能是外倾角不正确。外倾角过大便造成了外侧胎面的过量磨损。反之，其内侧胎面磨损较快。

故障排除步骤：

（1）询问驾驶员是否高速转弯，如果是，则应尽量避免。

（2）检查悬架部件。如松动则将其紧固；如变形和磨损，应修理或更换。

(3)检查外倾角。如不正常,应校正。

(4)调换轮胎位置。

3)前束和后束磨损(羽状磨损)(图4-6)

图4-5 轮胎内侧或外侧磨损

图4-6 轮胎前束和后束磨损

磨损原因:胎面的羽状磨损,主要是由于前束调节不当所致,过量的前束值,会迫使轮胎向外滑动,并使胎面的接触面在路面上朝内拖动,造成前束磨损。胎面呈明显的羽毛形。另一方面,过量的后束值,会将轮胎向内拉动,并使胎面的接触面在路面上朝外拖动,造成后束磨损。

故障排除步骤:

(1)检查前束和后束。如果前束过量或后束过量,应该加以调整。

(2)调换轮胎位置。

三、任务准备

所需的工量具及材料:

(1)设备:升降机一台,轮胎动平衡机一台,轮胎2个。

(2)工量具:数字式扭力扳手、一字螺丝刀、深度尺、十字套筒等。

(3)材料:抹布、肥皂水、毛刷。

四、任务实施

1.汽车轮胎检查步骤(表4-1)

汽车轮胎检查步骤　　　　　　　　　　　　表4-1

(1)安全举升车辆; (2)检查轮胎的整个表面磨损情况	(3)外胎内壁应光滑,不得有砂子,外胎嵌入石子应将其清除掉。如因气压不足而损坏或有较大破洞(其穿洞长度不超过30mm且数量不超过3个,两洞距离不小于50mm

(4)测量轮胎花纹深度,应大于1.6mm	(5)车轮着地,测量气压力 注意:气嘴和气压表之间不能漏气。
(6)将肥皂水涂在气嘴上,检查气嘴是否漏气。无漏气则拧紧气门嘴帽	

2. 轮胎换位

一般汽车都是前置发动机,整车重心前移,导致在行驶及制动过程中,前轮比后轮受力大,磨损快。为了避免轮胎出现不规则磨损,延长轮胎寿命,并及时发现因不正确的定位而引起轮胎异常磨损,建议每隔20000km做一次四轮换位。轮胎换位见表4-2。

轮 胎 换 位 表4-2

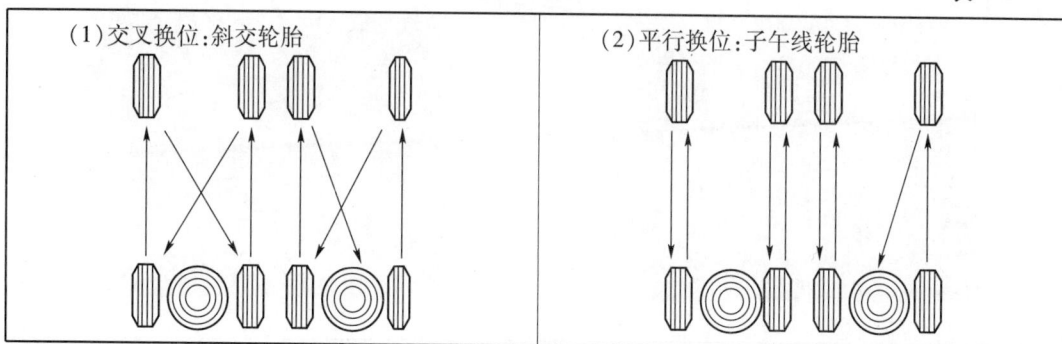

(1)交叉换位:斜交轮胎	(2)平行换位:子午线轮胎

— 31 —

3. 车轮动平衡检测

车轮由于制造的原因,其各部分的质量分布不可能非常均匀。当车轮高速旋转时,就会形成动不平衡状态,造成车辆在行驶中车轮抖动、转向盘振动的现象。为了避免和消除这种现象,就要使车轮在动态情况下通过增加配重的方法,以使车轮各边缘部分达到平衡。这个校正的过程就是人们常说的车轮动平衡。

(1)车轮动平衡检测的方法见表4-2。

车轮动平衡检测方法　　　　　　　　　　　　　　表4-3

(1)清除被测车轮上的泥土、石子和旧平衡块;检查轮胎气压,必须符合要求,否则应予调整	(2)根据轮辋中心孔大小选择锥体,将轮胎安装到位,并用快速螺母上紧
(3)测量平衡机到轮毂的距离:A 值	(4)打开轮胎动平衡机电源,输入 A 值
(5)用卡尺测量轮毂宽度 L 值并输入	(6)查看轮毂直径 D 值并输入

续上表

（7）确认周围环境安全,按下启动按钮,开始检测	（8）读出轮胎内外侧质量偏差,并缓慢转动车轮找到偏差位置(一侧指示灯全亮)
（9）选择合适的平衡块安装于轮毂边缘最顶端	（10）重复步骤⑦、⑧、⑨,再次检测,直至轮胎达到动平衡状态

（2）安装平衡块后有可能产生新的不平衡,应重新进行平衡试验,直至不平衡量小于5g(0.3盎司),指示装置显示"00"或"OK"时为止,检测结束,关闭电源开关。

注:若不平衡量小于该车型的规定值,则不必对车轮进行动平衡校正。

（3）检测标准。小型车不平衡质量不大于10g,重型车不大于20g,且每侧轮辋边缘所加平衡块以不超过3块为宜。

五、任务评价

技能考核评价表见表4-4。

技能考核评价表   表4-4

序号	考核内容	配分	评分标准	考核记录	扣分	得分
1	检查工具和设备,做好前期准备工作	10	操作不恰当酌情扣分			
2	举升车辆,检查轮胎是否松旷	15	设备使用不当扣10分			
3	检查轮胎外表,去除花纹内杂物	15	操作方法不正确酌情扣分			
4	使用深度尺检查轮胎花纹深度	15	操作方法不正确酌情扣分			
5	检查胎压	15	操作方法不当酌情扣分			

续上表

序号	考核内容	配分	评分标准	考核记录	扣分	得分
6	检查气门是否漏气	15	操作方法不当酌情扣分			
7	遵守安全规程,正确使用工量具,操作现场整洁	5	每项扣2分,扣完为止			
	安全用电,防火,无人身设备事故	10	因操作不当发生重大事故,此项按0分计			
8	分数总计	100				

学习项目5 发动机电子控制系统

学习任务 发动机电子控制系统

情景描述

丰田汽车4S店进行卡罗拉轿车发动机电子控制技术相关培训。

学习目标

知识目标

1. 掌握汽车发动机电子控制系统的基本组成;

2. 掌握汽车传感器、电子控制单元(ECM)和执行器的概念和作用。

技能目标

1. 能在汽车上找到电子控制单元(ECM)、常用的传感器和执行器元件;

2. 操作过程中能遵守安全操作规范和7S现场管理要求。

学习内容

通过学习本任务内容,掌握汽车发动机电子控制系统的基本组成,及各传感器、执行器的概念、作用和安装位置。

建议课时

6课时

学习过程

一、任务要求

在卡罗拉轿车上认识汽车电子控制系统的各个组成部件,并依次找到它们的安装位置。

二、资料搜集

1. 发动机电子控制系统的功能

发动机电子控制系统主要作用是精确控制空燃比和点火时刻,以提高发动机的动力性、经济性和排气净化性能。

2. 发动机电子控制系统的基本组成

发动机电子控制系统主要由信号输入装置(传感器)、发动机控制模块(ECM)和输出装置(执行器)组成,如图5-1所示。

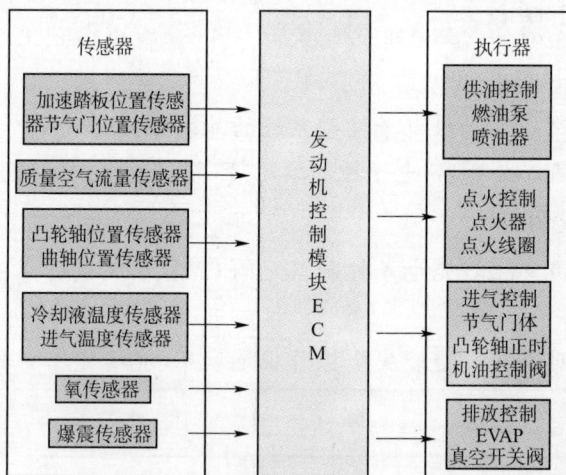

图5-1 发动机电子控制系统的组成

1)传感器

传感器是一种信号转换装置,其功用是将发动机各部件运行的状态参数(各种非电量信号)转换成电信号并输送到各发动机控制模块(ECM)。以卡罗拉1ZR发动机为例,介绍主要的传感器有以下几种。

(1)空气流量传感器。空气流量传感器安装在空气滤清器与节气门体之间的进气管上,是用来检测发动机进气量大小的传感器,它将进气量大小转变成电信号输入发动机控制模块(ECM),作为燃油喷射和点火控制的主控制信号。

(2)加速踏板位置传感器和节气门位置传感器。加速踏板位置传感器安装在驾驶室加速踏板轴的一端,用于检测汽车加速或减速信号。节气门位置传感器安装在发动机进气道上节气门轴的一端,检测节气门开度的大小,如节气门关闭、部分开启和全开等。

（3）曲轴位置传感器和凸轮轴位置传感器。曲轴位置传感器安装在发动机缸体侧面,检测发动机曲轴的转速和转角。凸轮轴位置传感器安装在发动机凸轮轴的后端,检测凸轮轴运动的位置,以便确定开始喷油和开始点火时刻,及调整进气控制。

（4）冷却液温度传感器。安装在发动机缸体上,检测发动机水套内冷却液温度,用于修正喷油量和点火提前时间。

（5）进气温度传感器。安装在发动机进气歧管上,一般与质量空气流量传感器安装在一起,直接检测吸入发动机汽缸的空气温度,用于修正喷油量。

（6）氧传感器。安装在发动机排气管上,通过检测排气管排出废气中氧离子的含量来反映可燃混合气空燃比的大小,以便修正喷油量并实现空燃比闭环控制。

（7）爆震传感器。安装在发动机缸体的侧面,检测各汽缸是否产生爆震现象,以便修正点火提前角并实现点火提前角闭环控制。

2）发动机控制模块（ECM）

ECM（Engine Control Module）即发动机控制模块,它的作用是接收来自各种传感器的信息,经过快速地处理、运算、分析和判断后,适时地输出控制指令,控制执行器动作,如图5-2所示。

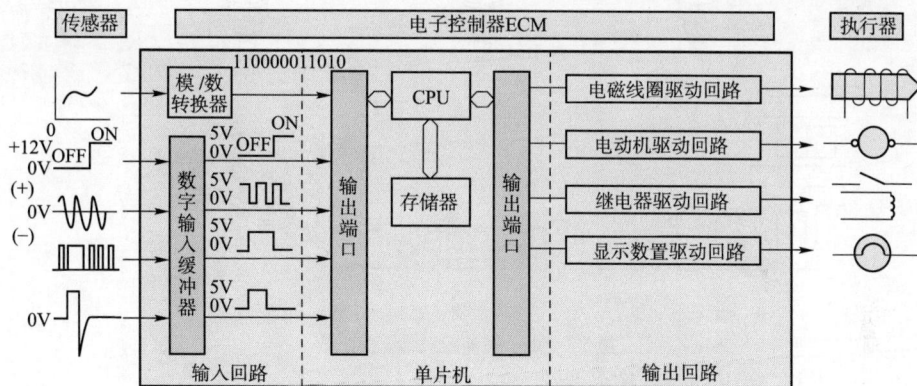

图5-2　发动机控制模块工作原理

3）执行器

执行器是接受发动机控制模块 ECM 的控制指令完成具体的控制动作、具体执行某项控制功能的装置。以卡罗拉 1ZR 发动机为例,介绍主要的执行器有以下几种:

（1）燃油泵:用于供给发动机规定压力的燃油。

（2）喷油器:用于接收 ECM 发出的喷油脉冲信号,计量燃油喷射量。

（3）点火控制器和点火线圈:用于接收电控单元发出的控制指令,适时接通或切断点火线圈初级电流,并产生高压电点燃可燃混合气。

（4）怠速控制执行器:用于根据加速踏板位置改变节气门开度和怠速控制。

（5）凸轮轴正时机油控制阀:用于根据发动机的负荷和工况改变进气和排气的时刻,以提高发动机的动力性和经济性。

（6）EVAP真空开关阀：用于控制回收燃油箱的燃油蒸气,减少碳氢化合物的排放量,从而减少排气污染。

3.发动机电子控制系统的控制原理

发动机在运行时,发动机控制模块ECM接收各传感器送来的发动机工况信号,并根据ECM内部预先编制的控制程序和存储的数据,通过计算、处理、判断,确定适应发动机工况的喷油量（喷油时间）、点火提前角等参数,并将这些数据转变为电信号,向各个执行器发出指令,从而使发动机保持最佳运行状态。

4.发动机电子控制系统的控制内容

1）电子燃油喷射（EFI）系统

EFI系统使用各种传感器探测发动机和车辆的运行工况。如图5-3所示。根据来自这些传感器的信号,根据ECM计算喷射量并驱动喷油器以喷射合适的油量。在正常驾驶中,为达到理论空燃比,保证适当的动力输出、燃油消耗量和废气排放水平,在其他时候,如在暖机、加速、减速或高速驾驶状况下,发动机ECM通过各种传感器探测到这些状况并校正喷油量以便随时匹配最佳空气—燃油混合气。

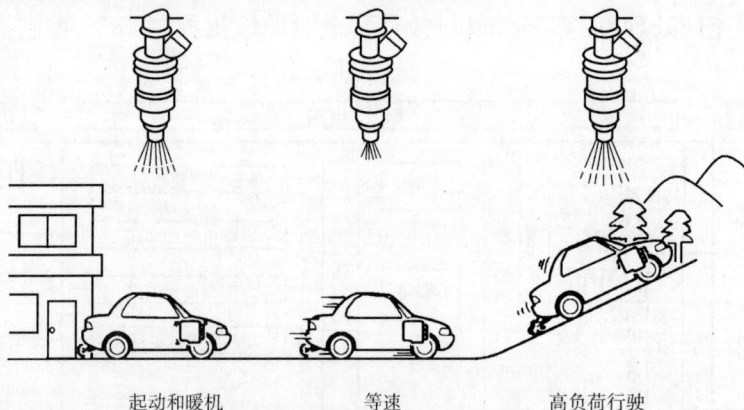

起动和暖机　　　　　　等速　　　　　　高负荷行驶

图5-3　电子燃油喷射系统控制

2）电子点火提前（ESA）系统的概述

ESA根据各种传感器的信号,感知发动机工况,然后选择适合当前情况的最佳点火正时,来控制点火正时,如图5-4所示。根据发动机转速和发动机负荷,ESA适时控制点火正时以便发动机能改进功率、净化废气,同时也是一种有效防止爆震方式。

3）怠速控制（ISC）系统

ISC系统是控制怠速,使它可在各种工况下（暖机、电力负荷等）保持正常工况,如图5-5所示。为使燃油消耗量和噪声减至最小,尽可能使发动机的转速保持低转速,并且是稳定的怠速区域。而且,当发动机冷机时或空调正在使用时该怠速必须增速以确保适当的暖机性和驾驶性。

4）排放控制系统

排放控制系统是对发动机排放控制装置的工作实行电子控制。卡罗拉1RZ发动机排放控制的项目主要包括:燃油蒸发（EVAP）控制,氧传感器和空燃比闭环控制等。

图 5-4　电子点火提前系统控制

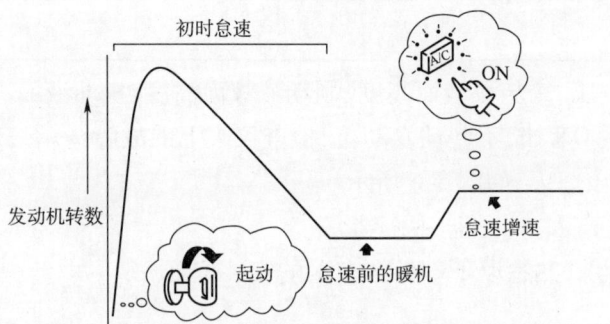

图 5-5　怠速控制

5)进气控制系统

进气控制系统是根据发动机转速和负荷的变化,对发动机的进气进行控制,以提高发动机的充气效率,从而改善发动机动力性。

6)随车诊断系统

随车诊断系统(On Board Diagnostics,OBD)就是集成在 ECM 内部的具有诊断功能的系统,该功能可连续监控每个传感器及执行器的工况。如果诊断到某个故障,则该故障将以 DTC(故障码)的形式存储起来,使用汽车智能检测仪可以检测出故障码,判断故障部位。此时,组合仪表板上的故障指示灯相应点亮,通知驾驶员。

三、任务准备

所需的工量具及材料:

(1)设备:卡罗拉轿车。

(2)工量具:数字万用表。

(3)材料:抹布、维修手册。

四、任务实施

在卡罗拉轿车上认识汽车电子控制系统的各个组成部件,并依次找到它们的安装位置。

(1)车辆的基本检查。

①拉紧驻车制动器操纵杆,将变速杆置于空挡或驻车挡(P 位)位置,套上转向盘护套、变速杆手柄套和座椅套,铺设脚垫。

②在车内拉动发动机罩手柄,在车外打开并支撑发动机罩,粘贴翼子板和前磁力护裙,在车轮垫好三角木。

③填写车辆基本信息,记录故障现象(表 5-1)。

车辆基本信息及故障现象记录表　　　　　　　　表 5-1

基本信息	车辆识别代码号		车　型	
	发动机型号		里程数	
故障现象				

④检查蓄电池电压、冷却液液面高度、制动液液面高度、机油液面高度是否正常。

⑤打开点火开关 ON 挡,不起动发动机,检查仪表上的故障指示灯应该点亮,起动发动机,故障指示灯应该熄灭,如图 5-6 所示。

(2)在车上查找 ECM、传感器、执行器等。

①根据图 5-7 所示,熟悉以下部件在车上的安装位置。

图 5-6　检查故障指示灯

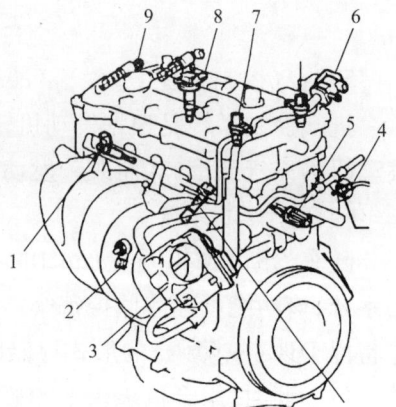

图 5-7　传感器安装位置

1-喷油器;2-爆震传感器;3-电子节气门体总成;4-氧传感器;5-冷却液温度传感器;6-EGR 控制阀;7-凸轮轴位置传感器;8-点火控制器;9-VVT 控制阀

②查找各传感器执行器安装位置,见表 5-2。

查找各传感器执行器　　　　　　　　　　　　　　　表 5-2

（1）在发动机汽缸盖顶部靠右侧找到凸轮轴位置传感器的安装位置 	（2）发动机进气歧管的入口处找到电子节气门总成的安装位置
（3）在空气滤清器后方找到空气流量传感器的安装位置 	（4）在发动机水套入口处找到冷却液温度传感器的安装位置
（5）找到爆震传感器的安装位置 	（6）在发动机排气歧管上找到氧传感器的安装位置
（7）在汽缸盖上找到四个点火控制器的安装位置 	（8）在发动机燃油分配管上找到喷油器的安装位置

续上表

(9)找到 VVT 控制阀	(10)找到 EGR 控制阀
(11)找到曲轴位置传感器的安装位置	

(3)整理,收拾工位。

五、任务评价

对本学习任务进行评价,学生技能考核评价表见表5-3。

技能考核评价表　　　　　　　　　　　　　　表5-3

班级:　　　　　　　　组别:　　　　　　　　姓名:

序号	考核内容	配分	评分标准	考核记录	扣分	得分
1	检查工具和设备	2	准备不当扣2分			
2	作业前的安全防护	8	漏做一项扣2分			
3	填写车辆基本信息	5	填写错误一项扣1分			
4	发动机舱内的基本检查	10	操作不当或漏做一项扣2分			
5	找到 ECM 的位置	5	未找到一项扣5分			
6	依次找到凸轮轴位置传感器、曲轴位置传感器、电子节气门、空气流量传感器、冷却液温度传感器、爆震传感器、氧传感器的安装位置	35	未找到一项扣5分			

序号	考核内容	配分	评分标准	考核记录	扣分	得分
7	依次找到点火控制器、喷油器、VVT 控制阀、EGR 控制阀的安装位置	20	未找到一项扣 5 分			
8	遵守安全规程,正确使用工量具,操作现场整洁	10	每项扣 2 分,扣完为止			
	安全用电,防火,无人身设备事故	5	因操作不当发生重大事故,此项按 0 分计			
9	分数总计	100				

六、学习拓展

卡罗拉轿车 ECM 电源电路分析,如图 5-8 所示。

当点火开关置于 ON 位置时,蓄电池的电压被施加到 ECM 的端子 IGSW 上。

ECM 上的 MREL 端子的输出信号使电流流向线圈,闭合集成继电器(EFI MAIN 继电器)触点并向 ECM 的端子 + B 或 + B2 供电。

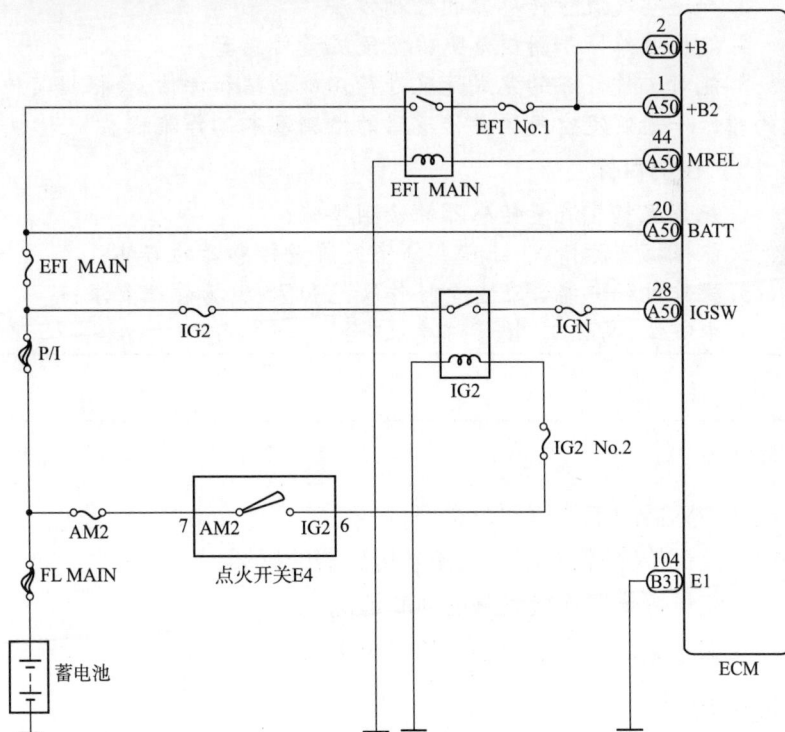

图 5-8　卡罗拉轿车电源电路

学习项目6 传感器原理与检测

情景描述

某用户开了一年的丰田卡罗拉轿车被拖到维修站,车主反映发动机怠速运转立即熄火。4S店工作人员检测后发现该车在发动机怠速时熄火,拔掉空气流量传感器与控制器接口线后,发动机能够怠速运转,但排气管有燃烧不完全的油滴,当转速升至1600r/min后或稍加负荷时,发动机就会熄火。经维修人员诊断,需对该车的空气流量传感器进行检测。

学习目标

知识目标

1. 知道空气流量传感器的作用及工作原理;
2. 知道空气流量传感器的类型及选用;
3. 知道空气流量传感器的检测方法;
4. 能按照维修手册规范更换空气流量传感器;
5. 能对工作任务的完成情况进行正确总结和评估,会根据其他车型的维修手册制定空气流量传感器的检测基本工作流程。

技能目标

1. 能掌握空气流量传感器的检测步骤;
2. 能根据实际情况,正确判断空气流量传感器的好坏;
3. 操作过程中能遵守安全操作规范和7S现场管理要求;
4. 中级工、高级工、技师都要求"会"。

学习内容

1. 空气流量传感器的工作原理及类型;
2. 检测空气流量传感器,判断空气流量传感器的好坏;
3. 检测空气流量传感器连接线路的通断情况;
4. 按技术要求完成空气流量传感器的就车更换。

建议课时

4课时

学习任务1 空气流量传感器原理与检测

🎓 学习过程

一、任务要求

空气流量传感器(简称 MAF)需要进行检测,就车检测电源线是否有电,信号线是否有电压输出。如信号线无电压输出需拆下空气流量传感器进行检测,以判断是空气流量传感器出问题还是线路的问题。

二、资料搜集

1.空气流量传感器的作用

空气流量传感器(又称空气流量计)是用来检测发动机进气量大小的传感器,它将进气量大小转变成电信号输入电子控制单元(ECU),作为燃油喷射和点火控制的主控制信号。

为使发动机在各种工况下获得最佳浓度的混合气,必须保持空气流量传感器良好的技术状况,使它能精确测量进气量,并以此作为 ECU 控制喷油量的主要依据。如果空气流量传感器或连接线路出现故障,发动机进气量的测量就不准确,混合气会过浓或过稀,使 ECU 无法正确地控制发动机的喷油量,导致发动机运转不正常,排放超标。

2.空气流量传感器的安装位置

空气流量传感器一般安装在空气滤清器与节气门体之间的进气管上。如图 6-1 所示。

3.空气流量传感器的类型

根据测量原理不同,可分为翼片式(叶片式)空气流量传感器、卡门漩涡式空气流量传感器、热线式(热丝式)空气流量传感器和热膜式空气流量传感器四种类型。在 L 型多点燃油喷射系统中,就使用空气流量

图6-1 空气流量传感器的安装位置

传感器直接测量进气量,因此进气量的测量精度高,(D 型电控燃油喷射系统使用进气歧管压力传感器测量空气量)。在 L 型燃油喷射系统中,其进气量测量所用的传感器分为体积流量型传感器和质量流量型传感器。体积流量型传感器有翼片式、卡门漩涡式(图6-2);质量流量型传感器有热线式和热膜式(图6-3)。质量流量型传感器工作性能好,但生产成本高。丰田卡罗拉使用的是热丝式空气流量传感器。

4.热丝式空气流量传感器的工作原理

热丝式空气流量传感器又称热线式空气流量传感器,其特点是:测量精度高,响应速度

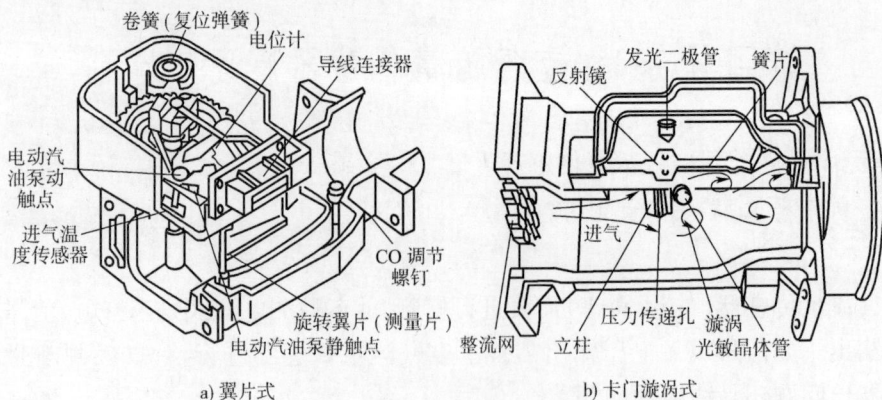

卷簧(复位弹簧)
电位计
导线连接器
电动汽油泵动触点
进气温度传感器
CO调节螺钉
旋转翼片(测量片)
电动汽油泵静触点

a) 翼片式

发光二极管
反射镜
簧片
进气
压力传递孔
整流网
立柱
漩涡
光敏晶体管

b) 卡门漩涡式

图6-2　空气流量传感器的类型

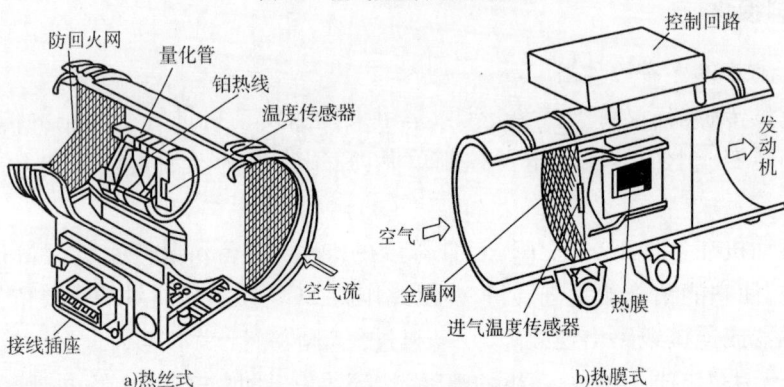

防回火网
量化管
铂热线
温度传感器
接线插座
空气流

a)热丝式

控制回路
发动机
空气
金属网
进气温度传感器
热膜

b)热膜式

图6-3　空气流量传感器的类型

快,进气阻力小,不会磨损。热丝式空气流量传感器在进气道内套有一个小管。小管中架有一根极细的铂丝(直径约为0.07mm)。铂丝被电流加热至120℃左右,故称之为热丝。

热丝式空气流量传感器的工作原理如图6-4所示。

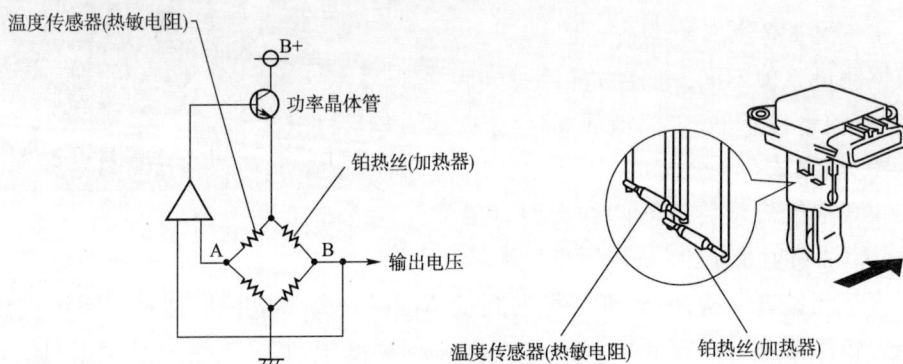

温度传感器(热敏电阻)
B+
功率晶体管
铂热丝(加热器)
A
B
输出电压
温度传感器(热敏电阻)
铂热丝(加热器)

图6-4　热丝式空气流量传感器的工作原理

ECU向铂丝施加一个特定的电流,以将其加热到给定的温度。进气流冷却铂丝和内部热敏电阻,从而影响它们的电阻。ECU改变施加于热丝式空气流量传感器中的这些零件的电压来保持电流值恒定。电压大小与通过传感器的空气流量成比例,ECU则利用它来计算进气体积。

此电路的结构使铂热丝和温度传感器构建一个桥接电路,并且控制功率晶体管,使得 A 和 B 的电压保持相等,以维持预定的温度。

热丝式空气流量传感器还有自洁功能,当发动机熄火时,电路会把热丝自动加热至1000℃,以清洁热丝式空气流量传感器。

空气流量传感器电路图如图6-5所示。

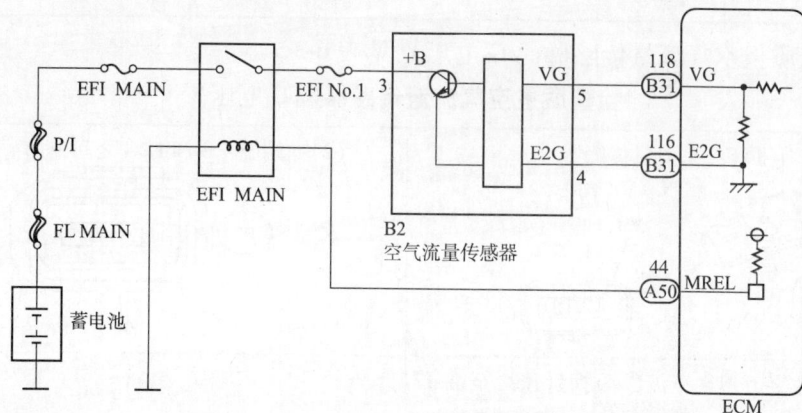

图6-5 空气流量传感器电路图

三、任务准备

所需的工量具及材料:

(1)设备:丰田卡罗拉汽车一辆。

(2)工量具:数字万用表、一字螺丝刀、可调式电源机、蓄电池及导线。

(3)材料:卡罗拉维修手册、教材、现代汽车技术工作室、配备多媒体教学设备和课桌椅、工作台、各种类型空气流量传感器等。

四、任务实施

在进行空气流量传感器检测作业之前,应首先在车辆维修手册上找到"质量或体积空气流量传感器"这一节内容,根据维修手册的提示和说明并结合实车进行分析和探讨,制定正确合理的检测方案。在检测过程中,严格按照维修手册的规范和要求进行操作,才能保证顺利完成空气流量传感器的检测作业,同时在维修过程中遵守7S原则。

丰田卡罗拉空气流量传感器的特点见表6-1。

丰田卡罗拉空气流量传感器的特点　　　　　　　　　　表6-1

(1)空气流量传感器的信号电压在0.2～4.9V范围内变化,随着进气量的增加而增大;
(2)进气温度传感器也安装在空气流量传感器中;
(3)丰田卡罗拉空气流量传感器的故障码为 P0100、P0102、P0103;
(4)空气流量传感器的故障部位可能是电路短路或断路、空气流量传感器损坏、电脑板问题

根据丰田卡罗拉维修手册空气流量传感器检测步骤如下。

(1)空气流量传感器的检测。

①检查质量空气流量传感器(电源电压),见表6-2。

检查质量空气流量传感器(电源电压) 表6-2

(1)断开质量空气流量传感器连接器; (2)将点火开关置于ON位置; (3)读取 +B − 车身搭铁的电压值,应在9~14V范围内	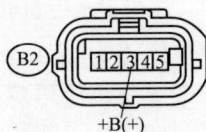

②检查质量空气流量传感器(VG电压),见表6-3。

检查质量空气流量传感器(VG电压) 表6-3

(1)从车上拆下空气流量传感器 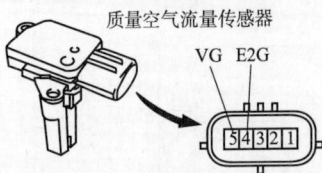	(2)向端子 +B 和 E2G 之间施加蓄电池电压 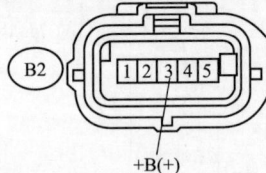
(3)将数字万用表正极(+)探针连接至端子VG,负极(−)探针连接至端子E2G。边吹气边测量电压,应随着气量的增加电压增大,在0.2~4.9V的范围内变化。如数值不变化或超出范围应更换空气流量传感器 	

③检查空气流量传感器与ECU之间的连接线束,见表6-4。

检查空气流量传感器与ECU之间的连接线束 表6-4

(1)断开蓄电池负极,断开ECU连接器 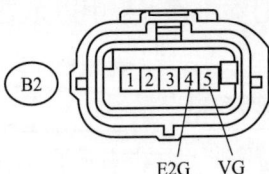	(2)根据表6-5、表6-6测量电阻 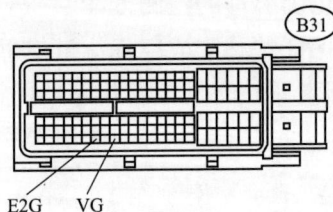

标准电阻(断路检查) 表6-5

检测仪连接	条件	规定状态
B2 − 5(VG)—B31 − 118(VG)	始终	小于1Ω
B2 − 4(E2G)—B31 − 116(E2G)	始终	小于1Ω

标准电阻(短路检查)   表6-6

检测仪连接	条件	规定状态
B2-5(VG)或 B31-118(VG)—车身搭铁	始终	10kΩ 或更大
B2-4(E2G)或 B31-116(E2G)—车身搭铁	始终	10kΩ 或更大

④检查熔断丝。从发动机舱继电器盒上拆下 EFINo.1 熔断丝,测量电阻小于 1Ω 为正常。重新安装 EFINo.1 熔断丝。

(2)检测后恢复设备:重新连接 ECU 连接器,装复空气流量传感器,重新连接空气流量传感器连接器,装复蓄电池负极接柱。

五、任务评价

对本学习任务进行评价,学生技能考核评价表见表6-7。

技能考核评价表   表6-7

班级: 组别: 姓名:

序号	考核内容	配分	评分标准	考核记录	扣分	得分
1	检查工具和设备	5	不检查工具和设备扣5分			
2	正确使用工具和仪器	20	工具和仪器使用不当扣10分			
3	空气流量传感器工作原理认识和检测方案的制订是否合理正确	30	认知、分析错误每处扣2分			
4	空气流量传感器检测并正确诊断、排除故障	30	检查方法不正确扣15分			
			检测结果不正确扣15分			
5	遵守安全规程,正确使用工量具,操作现场整洁	10	每项扣2分,扣完为止			
6	安全用电,防火,无人身设备事故	5	因操作不当发生重大事故,此项按0分计			
7	分数总计	100				

六、学习拓展

(1)热线式空气流量传感器可用就车检测的方法来检查热线自清洁电路,其检测方法如下。

①起动发动机,并加速到 2500r/min 以上。

②让发动机怠速运转,拆下空气流量传感器进口处的空气滤清器和进气管道。

③关闭点火开关,从空气流量传感器入口处观察空气流量传感器的热线是否能在熄火 5s 后被加热至发出红光,并持续 1s。注意:有些车型的热线式空气流量传感器无此

功能。在检查热线式空气流量传感器时,切不可将手指或工具伸入热线式空气流量传感器进气通道内,以免损坏热线式空气流量传感器内极细的热线丝。

(2)进气歧管绝对压力传感器。进气歧管绝对压力传感器(简称 MAP)应用在 D 型 EFI 汽油喷射系统中,它是 D 型汽油喷射系统的重要部件,相当于 L 型 EFI 汽油喷射系统中的空气流量传感器。进气歧管绝对压力传感器的功能是根据发动机的负荷状况检测出进气歧管内压力的变化,并转换成电信号与转速信号一起输入 ECU 中,作为发动机基本喷油量控制和点火控制的依据。进气歧管绝对压力(或简称进气管压力)传感器有的安装在发动机舱内,有的车型安装在发动机 ECU 控制盒内,但安装在进气歧管上的车型较多,如图 6-6、图 6-7 所示。

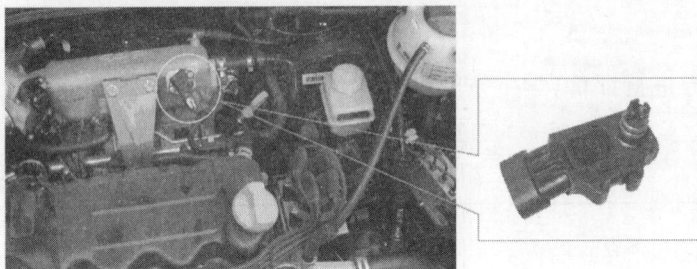

图 6-6　进气歧管绝对压力传感器位置图 1

半导体压敏电阻式进气歧管绝对压力传感器由压力转换元件(硅片)和把转换元件输出信号进行放大的混合集成电路构成,如图 6-8 所示。

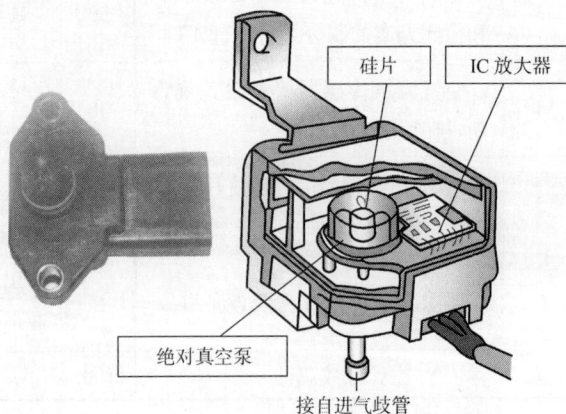

图 6-7　进气歧管绝对压力传感器位置图 2　　　　图 6-8　压敏电阻式进气歧管绝对压力传感器

半导体压敏电阻式进气歧管绝对压力传感器检测:

①测电源电压。拔下传感器线束插接器,打开点火开关,测量 V_c 端子的电压值,应为 5V。

②测信号电压。拔下传感器的真空软管。接上手动真空泵,打开点火开关,检测信号端子 PIM 与搭铁线之间的信号电压。在怠速时为 0.9V,转速升高时,真空度随之降低,输出电压升高,最高不超过 5V。将不同真空度下的输出电压下降量与表 6-8 中的标

准值相比较,如不符,应更换进气歧管绝对压力传感器。

进气歧管绝对压力传感器在不同压力下 PIM 与 E$_2$ 间的电压值　　表6-8

真空度(kPa)(mmHg)	13.3(100)	26.7(200)	40.0(300)	53.5(400)	66.7(500)
电压值(V)	0.3~0.5	0.7~0.9	1.1~1.3	1.5~1.7	1.9~2.1

(3)"D"型与"L"型的区别。

①"D"是德语 Druck(压力)的第一个字母。D 型电控燃油喷射系统利用进气歧管绝对压力传感器检测进气管内的绝对压力,电控单元根据进气管内的绝对压力和发动机转速推算出发动机的进气量,再根据进气量和发动机转速确定基本喷油量。

②"L"是德语 Luft(空气)的第一个字母。L 型电控燃油喷射系统利用空气流量传感器直接测量发动机的进气量,电控单元不必进行推算,即可根据空气流量传感器信号计算与该空气量相应的喷油量。由于消除了推算进气量的误差影响,其测量的精确度高于 D 型,因此对混合气浓度的控制更精确。

③空气流量传感器是 EFI 系统最重要的传感器,在维修和检查时应特别注意,切忌碰撞,不要让污物进入空气流量传感器内,也不能随意将手和工具伸入空气流量传感器内,以免造成损坏,影响测量精度。

学习任务2　曲轴位置传感器原理与检测

一辆丰田卡罗拉轿车,打电话要求 4S 店施救,反映车辆在起动时无法起动,起动机运转正常但不能着车,故障指示灯常亮。车被拖入修理厂,4S 店工作人员检查,车辆已行驶里程4万 km,发动机不点火、不喷油。最后确定是曲轴位置传感器损坏,发动机电控单元收不到曲轴位置传感器的信号。需对该汽车的曲轴位置传感器进行检测。

学习过程

一、任务要求

曲轴位置传感器(简称 Ne)需要进行检测,就车检测电源线是否有电,信号线是否有电压输出。如信号线无电压输出需拆下曲轴位置传感器进行检测,以判断是曲轴位置传感器出问题还是线路的问题。

二、资料搜集

1.速度传感器

一般常见的速度传感器有三种类型:电磁式、霍尔式及光电式,通常用于检测发动机的转速、自动变速器的车速、汽车的轮速等,曲轴位置传感器是速度传感器的一种。

曲轴位置传感器、车速传感器和轮速传感器所获得的速度信号输入 ECU,以便使发动机控制系统、起动系统、ABS/ASR 制动防滑控制系统、悬架系统、导航系统等各种装置能正常工作。

在现代电控发动机上,有些发动机将曲轴位置传感器和凸轮轴位置传感器制成一体,既用于发动机曲轴位置、活塞上止点位置的测定,又用于发动机转速的测定。凸轮轴位置传感器的类型和工作原理与曲轴位置传感器相同。

2. 曲轴位置传感器

曲轴位置传感器又称发动机转速传感器,是发动机电子控制系统的主要部件,用于检测曲轴转角信号,也是测量发动机转速的信号源。其作用是采集曲轴转角和发动机转速信号并输送给 ECU,以确定喷油时刻和点火时刻。

曲轴位置传感器一般安装在曲轴前端或后端,如图 6-9 所示。

3. 速度传感器的类型

速度传感器有磁脉冲式(图 6-10)、霍尔式(图 6-11)和光电式(图 6-12)三种类型。丰田

图 6-9　丰田卡罗拉轿车发动机曲轴位置传感器的安装位置

卡罗拉发动机使用的是磁脉冲式曲轴位置传感器。

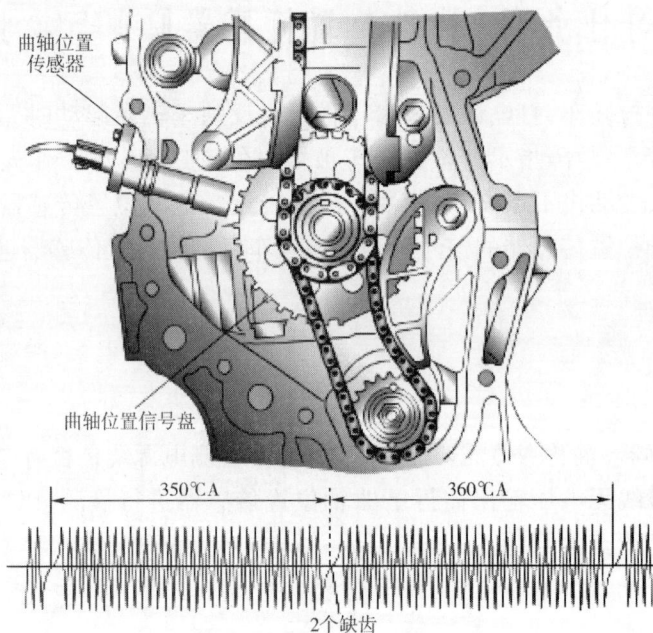

图 6-10　磁脉冲式曲轴位置传感器

4. 磁脉冲式曲轴位置传感器的工作原理

丰田卡罗拉发动机使用的是磁脉冲式曲轴位置传感器系统,它包括一个曲轴位置信号盘和一个耦合线圈。信号盘有 34 个齿,安装在曲轴上。耦合线圈由缠绕的铜线、铁芯和磁铁组成。

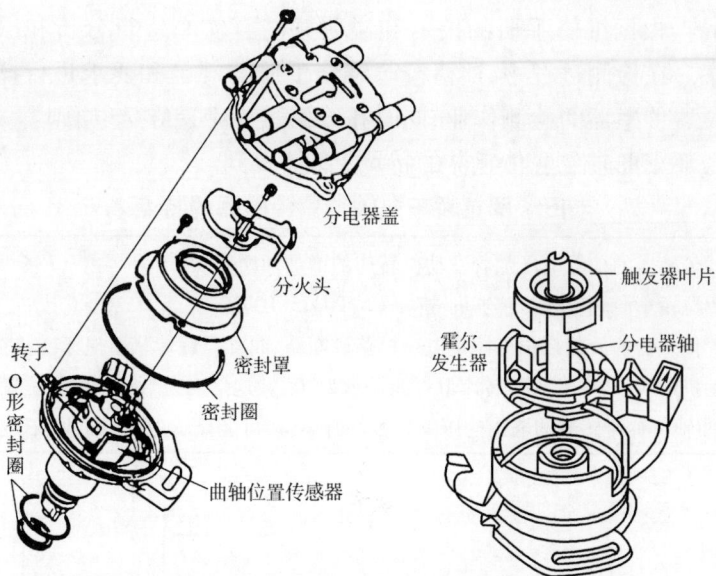

分电器盖

分火头

触发器叶片

转子
O形密封圈

密封罩

密封圈

霍尔发生器

分电器轴

曲轴位置传感器

图 6-11 霍尔式曲轴位置传感器

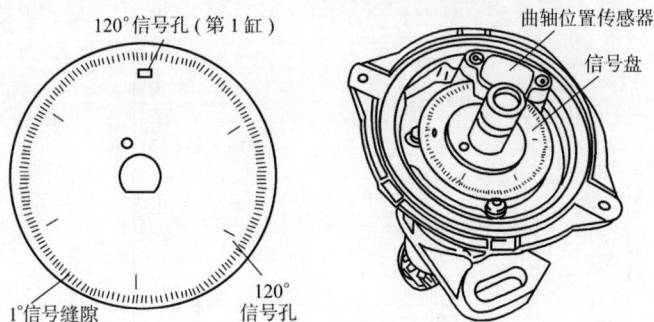

120°信号孔(第1缸)

曲轴位置传感器

信号盘

1°信号缝隙

120°信号孔

图 6-12 光电式曲轴位置传感器

信号盘旋转时,随着每个齿经过耦合线圈,便产生一个脉冲信号。发动机每转一圈,耦合线圈产生 34 个信号。ECU 根据这些信号计算出曲轴位置和发动机转速。使用这些计算结果,可以控制燃油喷射时间和点火正时。如图 6-13 所示为丰田卡罗拉轿车曲轴及凸轮轴位置传感器电路图。

三、任务准备

所需的工量具及材料:

(1)设备:丰田卡罗拉轿车一辆。

(2)工量具:数字万用表、一字螺丝刀、蓄电池及导线。

(3)材料:卡罗拉轿车维修手册、教材、现代汽车技术工作室、配备多媒体教学设备和课桌椅、工作台、各种类型曲轴位置传感器等。

四、任务实施

在进行曲轴位置传感器检测作业之前,应首先在车辆维修手册上找到"曲轴位置传感器"这一节内容,根据维修手册的提示和说明并结合实车进行分析和探讨,制定正确合理的检测方案。在检测过程中,严格按照维修手册的规范和要求进行操作,才能保证顺利完成曲轴位置传感器的检测作业,同时在维修过程中遵守7S原则。

丰田卡罗拉轿车曲轴位置传感器的特点见表6-9。

丰田卡罗拉轿车曲轴位置传感器的特点 表6-9

(1)曲轴位置传感器的信号电压随着发动机转速的增加而增大。
(2)丰田卡罗拉轿车曲轴位置传感器的故障码为P0335、P0339。
(3)曲轴位置传感器的故障部位可能是电路短路或断路、曲轴位置传感器损坏、电脑板问题。
(4)即使发动机运转正常,发动机转速也可能显示为"0"。这是因为未收到曲轴位置传感器的Ne信号导致的。如果曲轴位置传感器的输出电压不足,发动机转速可能显示为低于实际发动机转速的值

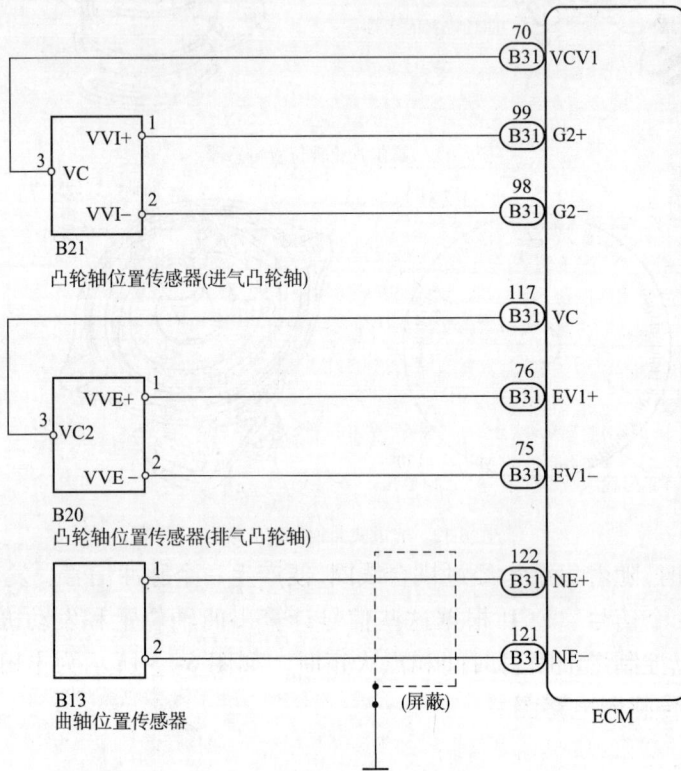

图6-13 丰田卡罗拉轿车曲轴及凸轮轴位置传感器电路图

根据丰田卡罗拉轿车维修手册曲轴位置传感器检测步骤如下。

1.曲轴位置传感器的检测

(1)检查曲轴位置传感器(电阻),见表6-10。

检查曲轴位置传感器(电阻) 表6-10

(1)断开曲轴位置传感器插接器。
(2)读取1—2接脚的电阻,应在1850~2450Ω范围内

（2）检查曲轴位置传感器与 ECU 之间的连接线束，见表6-11。

检查曲轴位置传感器与 ECU 之间的连接线束　　　　　　　表6-11

（1）断开蓄电池负极，断开 ECU 插接器	（2）根据表6-12、表6-13 中的值测量电阻
B13 ① ②	B31 NE－ NE＋

标准电阻（断路检查）　　　　　　　　表6-12

检测仪连接	条件	规定状态
B6－1（NE＋）—B31－122（NE＋）	始终	小于1Ω
B6－2（NE－）—B31－121（NE－）	始终	小于1Ω

标准电阻（短路检查）　　　　　　　　表6-13

检测仪连接	条件	规定状态
B6－1（NE＋）或 B31－122（NE＋）—车身搭铁	始终	10kΩ 或更大
B6－2（NE－）或 B31－121（NE－）—车身搭铁	始终	10kΩ 或更大

（3）检查曲轴位置传感器的安装情况、曲轴位置信号盘齿。

①检查曲轴位置传感器的安装情况（图6-14）。

②信号盘无任何裂纹或变形。

2.检测后恢复设备

重新连接 ECU 插接器，装复曲轴位置传感器，重新连接曲轴位置传感器插接器，装复蓄电池负极接柱。

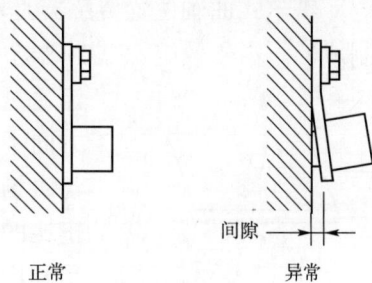

间隙←→
正常　　　　　异常

图6-14　曲轴位置传感器安装情况

五、任务评价

对本学习任务进行评价，学生技能考核评价表见表6-14。

技能考核评价表　　　　　　　　表6-14

班级：　　　　　　组别：　　　　　　姓名：

序号	考核内容	配分	评分标准	考核记录	扣分	得分
1	检查工具和设备	5	不检查工具和设备扣5分			
2	正确使用工具和仪器	20	工具和仪器使用不当扣10分			

序号	考核内容	配分	评分标准	考核记录	扣分	得分
3	曲轴位置传感器工作原理认识和检测方案的制定是否合理正确	30	认知、分析错误每处扣2分			
4	曲轴位置传感器检测并正确诊断排除故障	30	检查方法不正确扣15分			
			检测结果不正确扣15分			
5	遵守安全规程,正确使用工量具,操作现场整洁	10	每项扣2分,扣完为止			
6	安全用电,防火,无人身设备事故	5	因操作不当发生重大事故,此项按0分计			
7	分数总计	100				

六、拓展知识

1. 霍尔效应式传感器的工作原理

霍尔式曲轴位置传感器是利用霍尔效应原理,产生与曲轴转角相对的电脉冲信号制成的。霍尔效应就是在磁场中,运动电荷的偏移称为霍尔效应,如图6-15所示。当电流通过磁场中的半导体基片(霍尔元件)并且电流方向与磁场方向垂直时,电荷在磁场力的作用下向一侧偏移,在垂直于电流与磁场的霍尔元件的横向侧面上即产生一个与电流和磁场力成正比的电压,该电压称为霍尔电压。霍尔式曲轴位置传感器就是利用触发叶片改变通过霍尔元件的磁场强度,从而使霍尔元件产生脉冲电压,经放大整形后即为曲轴位置传感器的输出信号。

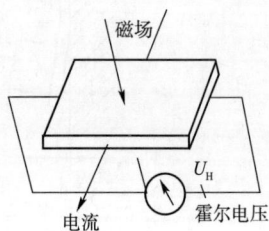

图6-15 霍尔效应原理

霍尔式曲轴位置传感器主要由霍尔信号发生器和信号转子组成。信号转子又称触发叶片,采用触发叶片的霍尔式曲轴位置传感器一般安装在分电器内。

信号转子上分布有和汽缸数目相同的窗口及一个缺口。分电器每转动一周,转子上的窗口便产生和汽缸数目相同的一组各缸活塞到达上止点的信号(Ne信号),同时转子上的缺口则产生一个第1缸活塞到达上止点的信号(G信号),如图6-16所示。前者用于控制点火及检测发动机的转速,后者用于控制喷油顺序。

霍尔式信号发生器由霍尔集成电路、永久磁铁和导磁钢片等组成。霍尔集成电路由霍尔元件、放大电路、稳压电路、温度补偿电路、信号变换电路和输出电路等组成。霍尔元件用硅半导体材料制成,与永久磁铁之间有 0.2 ~ 0.4mm 的间隙。其工作原理如图 6-16 所示,霍尔半导体固定在陶瓷支座上。它有4个电接头,电源由 AB 端输入,霍尔电压由 CD 端输出。该片的对面装有一个永久磁体,它和霍尔半导体之间留有一定的空气间隙(气隙)。信号转子由分电器轴驱动,转子上有和汽缸数目相同叶片。当叶片转离磁极和霍尔基层之间的气隙时,磁场通过霍尔基层,其 CD 端产生霍尔电压。当叶片转入磁极和霍尔基层之间的气隙时,磁力线被隔断,不能通过霍尔基层,使霍尔电压下降为0。在分电器转动一圈的过程中,传感器输出和汽缸数目相同个数的矩形电压脉冲信号。通常将脉冲信号的下降沿作为活塞到达上止点的基准信号(Ne 信号)。

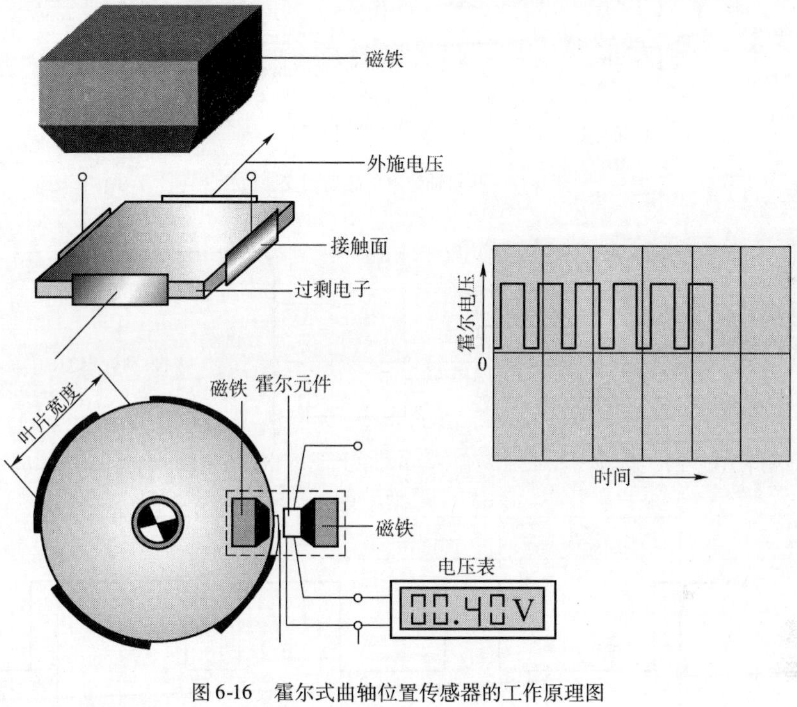

图 6-16　霍尔式曲轴位置传感器的工作原理图

2. 凸轮轴位置传感器的作用及工作原理

进气凸轮轴的可变气门正时(VVT)传感器(G 信号)由磁铁和信号发生器组成。VVT 凸轮轴主动齿轮有一个信号盘,信号盘的外圆周上有3个齿。齿轮旋转时,信号盘和耦合线圈间的气隙会发生改变,从而影响磁铁,结果电阻值就会发生波动。凸轮轴位置传感器将齿轮旋转数据转换为脉冲信号,并将这些脉冲信号发送到 ECU 来确定凸轮轴角度。ECU 利用此数据来控制燃油喷射时间和喷油正时。图 6-17 所示为丰田卡罗拉轿车凸轮轴位置传感器的安装位置图。图 6-18 所示为凸轮轴位置传感器的工作原理图。

曲轴位置信号盘有 34 个齿。发动机每转一周,耦合线圈产生 34 个信号。ECU 根据 G 信号和实际曲轴转角,来检测正常的曲轴转角。ECU 还根据 Ne 信号来检测发动机的转速。丰田卡罗拉发动机的凸轮轴位置传感器是霍尔效应式传感器。

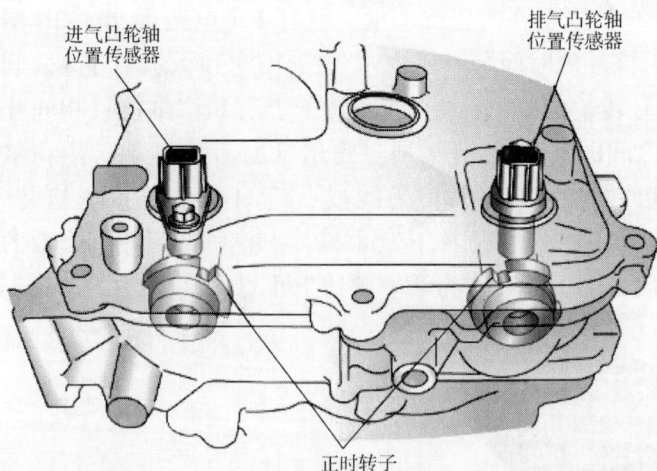

图 6-17　凸轮轴位置传感器的安装位置

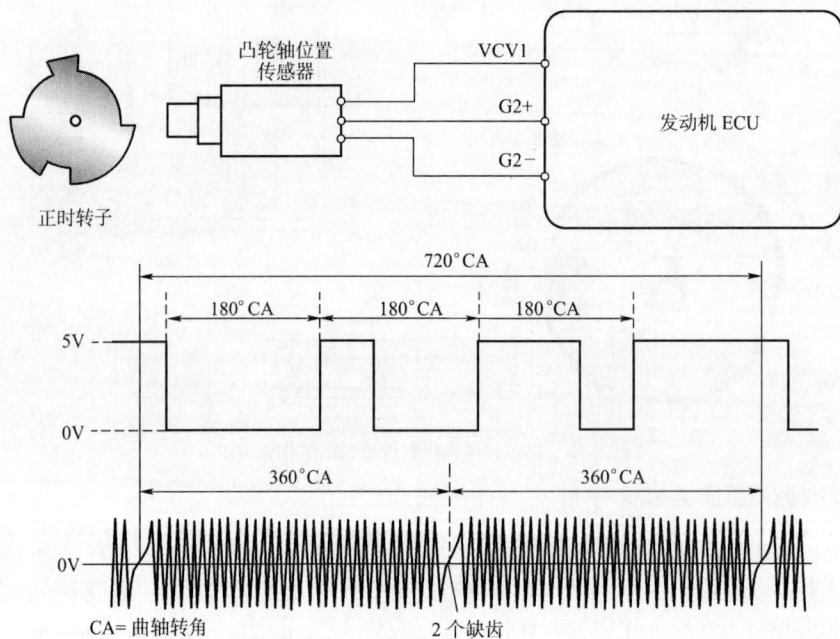

图 6-18　凸轮轴位置传感器工作原理

学习任务 3　节气门位置传感器原理与检测

　　某用户开了一年的丰田卡罗拉轿车被拖到维修站,车主反映发动机抖动和怠速不稳定。4S 店工作人员检测后发现该车节气门反应慢、怠速不稳定、发动机抖动。经维修人员诊断,需对该车的节气门位置传感器进行检测。

学习过程

一、任务要求

节气门位置传感器(简称TPS)需要进行检测,就车检测电源线是否有电,信号线是否有电压输出。如信号线无电压输出需拆下节气门位置传感器进行检测,以判断是节气门位置传感器的问题还是线路的问题。

二、资料搜集

1. 节气门位置传感器的作用

节气门位置传感器(TPS)安装在节气门体上,与节气门轴相连接如图6-19所示。驾驶员通过加速踏板操纵节气门的开度。节气门位置传感器的作用是将节气门的开度大小转变为电信号输入ECU,ECU根据此信号判别发动机的工况,并根据不同工况对混合气浓度的需求来控制喷油时间。

图6-19　节气门位置传感器的安装位置

节气门位置传感器的信号同时用作空气流量传感器和怠速开关的替代功能信号。

2. 节气门位置传感器的安装位置

节气门位置传感器一般安装在节气门体总成上,检测节气门开度,如图6-19所示。

3. 节气门位置传感器的类型

节气门位置传感器按总体结构分为滑动电阻式节气门位置传感器、编码式节气门位置传感器、开关式节气门位置传感器和电子式节气门位置传感器。丰田卡罗拉轿车为电子式节气门位置传感器,使用霍尔效应元件,以便在极端的行驶条件下,例如高速以及最低车速下,也能生成精确的信号。

4. 电子式节气门位置传感器

丰田卡罗拉轿车节气门位置传感器有两个传感器电路VTA1和VTA2,各传送一个信号。VTA1用于检测节气门开度,VTA2用于检测VTA1的故障。传感器信号电压与节气门开度成比例,在0~5V之间变化,并且传送至ECU的VTA端子。

当节气门全闭时,传感器输出电压降低,当节气门开启时,传感器输出电压升高。ECU根据这些信号来计算节气门开度并相应驾驶员输入来控制节气门执行器。这些信号同时也用来计算空燃比修正值、功率提高修正值和燃油切断控制。

当节气门位置传感器出现故障时,进入失效保护模式。在失效保护模式下,ECU 切断通往节气门执行器的电流,并且节气门被复位弹簧拉到开度6°。然后,ECU 根据加速踏板开度,通过控制燃油喷射(间歇性燃油切断)和点火正时以调整发动机输出,以确保车辆维持最低车速。如果加速踏板被轻轻踩下,汽车会缓慢行驶。失效保护模式一直运行,直到检测到通过条件并且发动机开关随之关闭,如图6-20所示。丰田卡罗拉轿车节气门位置传感器电路图如图6-21所示。

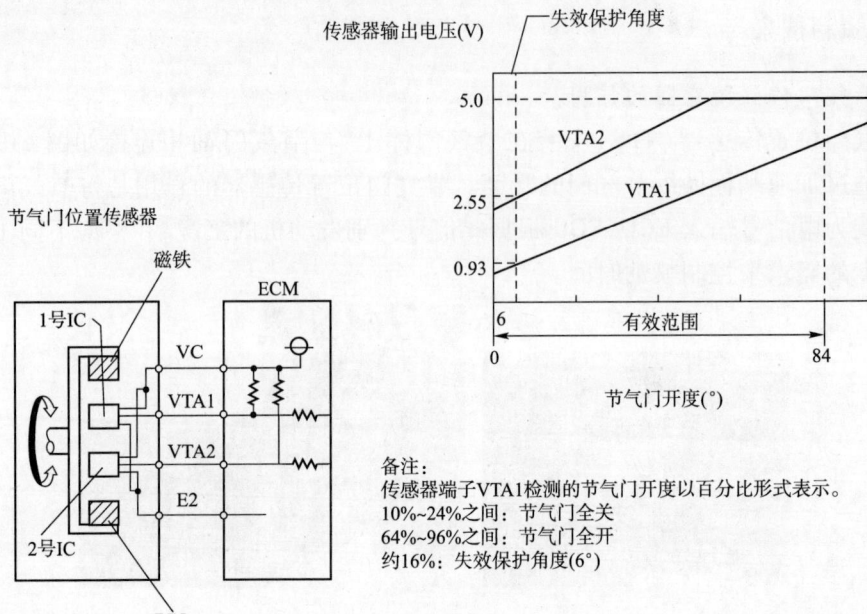

图 6-20　节气门位置传感器性能

图 6-21　丰田卡罗拉节气门位置传感器电路图

5. 线性可变电阻型节气门位置传感器

在一些老款的车型上多采用线性可变电阻型节气门位置传感器,其中四线式节气门位置传感器有两个与节气门联动的可动电刷触点。一个触点可在电阻体上滑动,利用变化的电阻值,测得与节气门开度对应的线性输出电压,根据输出的电压值,可知节气门开度。另一个电刷触点在节气门全关闭时与怠速触点 IDL 接触。IDL 信号主要用于断油控制和点火提前角的修正。节气门开度输出信号 VTA 则使 ECU 对喷油量进行控制,以获得相应的功率。随着节气门开度的增大,节气门开度输出电压线性增大,如图6-22 所示。

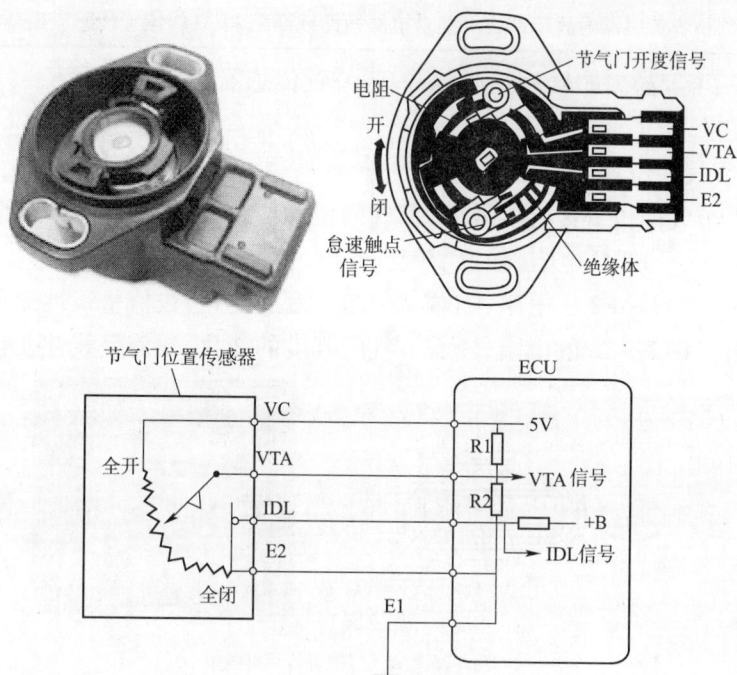

图6-22 四线式节气门位置传感器的结构及连接电路

三、任务准备

所需的工量具及材料:

(1)设备:各种类型的节气门位置传感器,节气门位置传感器实验盒。

(2)工量具:数字式万用表、一字螺丝刀、可调式电源机、蓄电池及导线。

(3)材料:卡罗拉轿车维修手册、教材、现代汽车技术工作室、配备多媒体教学设备和课桌椅、工作台等。

四、任务实施

在进行节气门位置传感器检测作业之前,应首先在车辆维修手册上找到"节气门位置传感器"这一节内容,根据维修手册的提示和说明并结合实车进行分析和探讨,制定正确合理的检测方案。在检测过程中,严格按照维修手册的规范和要求进行操作,才能保证顺利完成节气门位置传感器的检测作业,同时在维修过程中遵守 7S 原则。

丰田卡罗拉轿车节气门位置传感器的特点见表6-15。

丰田卡罗拉节气门位置传感器的特点　　　　　表 6-15

> （1）节气门位置传感器的信号电压在 0.2～4.9V 范围内变化，随着节气门开度的增加而增大或减小。
>
> （2）丰田卡罗拉轿车节气门位置传感器的故障码为 P0120、P0122、P0123、P0220、P0222、P0223、P2135。
>
> （3）节气门位置传感器的故障部位可能是电路短路或断路、节气门位置传感器损坏、电脑板问题

根据丰田卡罗拉轿车维修手册，节气门位置传感器检测步骤如下。

1. 节气门位置传感器的检测

1）检测节气门位置传感器的电阻

（1）拔下节气门位置传感器线束，节气门位置传感器端子如图 6-23 所示。

（2）测量 VC—E2 的电阻，随着节气门开度的变化，数值不变。

（3）测量 VTA1—E2 的电阻，随着节气门开度的变化，数值呈线性变化。

（4）测量 VTA2—E2 的电阻，随着节气门开度的变化，数值呈线性变化。

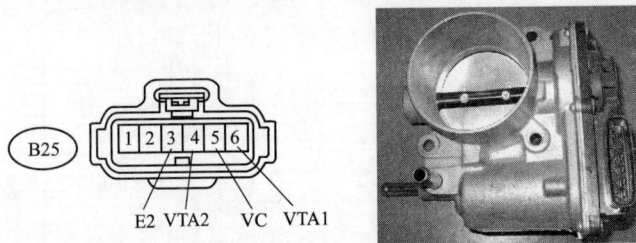

图 6-23　节气门位置传感器线束

2）检查节气门位置传感器（电源电压）

（1）连接节气门位置传感器插接器。

（2）将点火开关置于 ON 位置。

（3）读取 VC—E2 的电压值，应在 4.5～5.5V 范围内。

3）检查节气门位置传感器（VTA 电压）

（1）从车上拆下节气门位置传感器。

（2）向端子 VC 和 E2 之间施加 5V 电压。

（3）将数字式万用表正极（＋）探针连接至端子 VTA1，负极（－）探针连接至端子 E2。边转动节气门边测量电压，应随着节气门开度的增加电压增大，在 0.2～4.9V 的范围内变化。如数值不变化或超出范围应更换节气门位置传感器。

（4）将数字式万用表正极（＋）探针连接至端子 VTA2，负极（－）探针连接至端子 E2。边转动节气门边测量电压，应随着节气门开度的增加电压减小，在 4.9～02. V 的范围内变化。如数值不变化或超出范围应更换节气门位置传感器。

2. 检测后恢复设备

装复节气门位置传感器，重新连接节气门位置传感器插接器。重新试车，随着节气门开度的变化车速平稳变化为修复完成。检查车辆是否恢复。

五、任务评价

对本学习任务进行评价,学生技能考核评价表见表6-16。

技能考核评价表　　　　　　　　　　　　　　表6-16

班级：　　　　　　　组别：　　　　　　　姓名：

序号	考核内容	配分	评分标准	考核记录	扣分	得分
1	检查工具和设备	5	不检查工具和设备扣5分			
2	正确使用工具和仪器	20	工具和仪器使用不当扣10分			
3	节气门位置传感器工作原理认识和检测方案的制定是否合理正确	30	认知、分析错误每处扣2分			
4	节气门位置传感器检测并正确诊断排除故障	30	检查方法不正确扣15分			
			检测结果不正确扣15分			
5	遵守安全规程,正确使用工量具,操作现场整洁	10	每项扣2分,扣完为止			
6	安全用电,防火,无人身设备事故	5	因操作不当发生重大事故,此项按0分计			
7	分数总计	100				

六、学习拓展

检测线性可变电阻式节气门位置传感器。

1. 怠速触点导通性检测

用万用表的电阻挡检测 IDL 与 E2 之间的电阻(图6-24)。当节气门全闭时,怠速触点 IDL 与 E2 之间的电阻值为1Ω 以下;当节气门全开时,怠速触点 IDL 与 E2 之间的电阻值为无穷大。

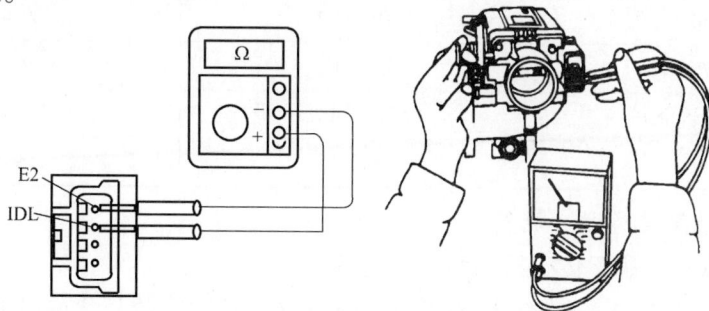

图 6-24　怠速触点导通情况检查

2. 线性节气门位置传感器电阻的检测

用万用表的 kΩ 挡测量端子 VTA 与 E2 之间的电阻值。当节气门开度逐渐增大的过程中,所测电阻值应随之变化;用万用表的 kΩ 挡测量 VC 与 E2 之间的电阻值,应是无变化的固定值。见表 6-17。

节气门位置传感器的阻值(丰田5A)　　　表6-17

限位螺钉与限位杆之间的间隙 (mm)	端子	电阻 (kΩ)
0	VTA—E2	0.2 ~ 5.7
0.50	IDL—E2	≤2.3
0.70	IDL—E2	无穷大
节气门位置全开	VTA—E2	2.0 ~ 10.2
—	VC—E2	2.5 ~ 5.9

3. 线性节气门位置传感器电压的检测

线性节气门位置传感器电压的检测,各端子间的电压应符合表 6-18 的数值。

使用高精度稳压电源机,将电压调节至 5V,将电源机正极与节气门位置传感器的 VC 端子相连接,负极与 E2 端子相连接。

将万用表(用 20V 直流电压挡)的红表笔搭接在节气门位置传感器的信号输出端子 VTA,与黑表笔搭接在 E2,用手转动节气门位置传感器中轴,测量传感器的输出电压。当节气门开度逐渐增大,所测电压值也随之增大,否则应更换新件。

将万用表(用 20V 直流电压挡)的红表笔搭接在节气门位置传感器的信号输出端子 IDL,与黑表笔搭接在 E2,在节气门全闭时电压应为 0V;用手转动节气门位置传感器中轴,测量电压应接近于电源电压,否则应更换新件。

节气门位置传感器的电压值(丰田5A)　　　表6-18

限位螺钉与限位杆之间的间隙 (mm)	端子	电压 (V)
0	VTA—E2	0.5 ~ 0.8
0.50	IDL—E2	9 ~ 14
0.70	IDL—E2	9 ~ 14
节气门位置全开	VTA—E2	3.8 ~ 4.8
—	VC—E2	4.5 ~ 5.5

4. 节气门位置传感器的调整

(1)拧松节气门位置传感器的两个固定螺钉。

(2)将厚度为 0.35mm 的塞尺插入节气门限位螺钉和限位杆之间,同时用万用表测量怠速开关的导通情况。

（3）逆时针转动节气门位置传感器，使怠速开关触点断开，然后按顺时针方向慢慢地转动节气门位置传感器，直至怠速开关闭合为止。

（4）拧紧节气门位置传感器的两个固定螺钉。

（5）分别用0.30mm和0.40mm的塞尺插入节气门限位螺钉和限位杆之间，同时测量怠速开关导通情况。当塞尺为0.30mm时，怠速开关应导通；当塞尺为0.40mm时，怠速开关应断开。否则，应重新调整节气门位置传感器。

学习任务4　冷却液温度传感器原理与检测

某用户将使用了一年的丰田卡罗拉轿车开到维修站，车主反映发动机油耗过大。4S店工作人员读取故障码，发现故障码显示是发动机冷却液温度故障。经维修人员诊断，需对该车的冷却液温度传感器进行检测。

学习过程

一、任务要求

冷却液温度传感器（简称THW）需要进行检测，就车检测电源线是否有电，信号线是否有电压输出。如信号线无电压输出需拆下冷却液温度传感器进行检测，以判断是冷却液温度传感器的问题还是线路的问题。

二、资料搜集

1.温度传感器的类型

汽车使用的温度传感器有四种类型：热敏电阻式温度传感器、热敏铁氧体温度传感器、石蜡式温度传感器和双金属片式温度传感器。大多数温度传感器使用热敏电阻式温度传感器。

热敏电阻式温度传感器是用陶瓷半导体材料掺入适量氧化物，根据所需要的形状，在高温下烧结而成的温度系数很大的电阻体制成。在工作范围内，按陶瓷半导体的电阻与温度的特性关系，热敏电阻可以分成三种类型，如图6-25所示。

（1）负温度系数热敏电阻（NTC），在工作范围内，其电阻值随温度的升高而减小的电阻。

（2）正温度系数热敏电阻（PTC），在工作范围内，其电阻值随温度的升高而增加的电阻。

（3）临界温度系数热敏电阻（CTR），

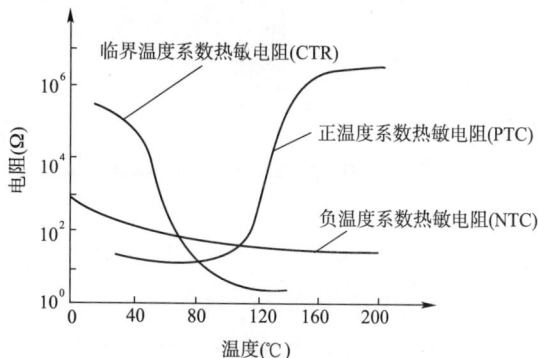

图6-25　热敏电阻的温度特性

在临界温度时,其阻值发生锐变的称为临界温度系数热敏电阻。

2. 冷却液温度传感器的作用

冷却液温度传感器的作用是用来检测发动机的工作温度,向 ECU 输入冷却液温度信号,作为燃油喷射和点火正时的修正信号。当发动机冷机工作时,ECU 根据此信号增加燃油喷射以提高操纵性能。

3. 冷却液温度传感器的安装位置

冷却液温度传感器一般安装在发动机缸体、缸盖的水套或节温器内并伸入水套中,与冷却液接触,如图 6-26 所示。

图 6-26　冷却液温度传感器安装于发动机出水管处

4. 冷却液温度传感器的工作原理

发动机冷却液温度传感器(即水温传感器)大多用负温度系数热敏电阻制成,它具有负温度系数。冷却液温度低时,电阻值大,冷却液温度高时,电阻值小。冷却液温度传感器的结构和特性如图 6-27 所示。

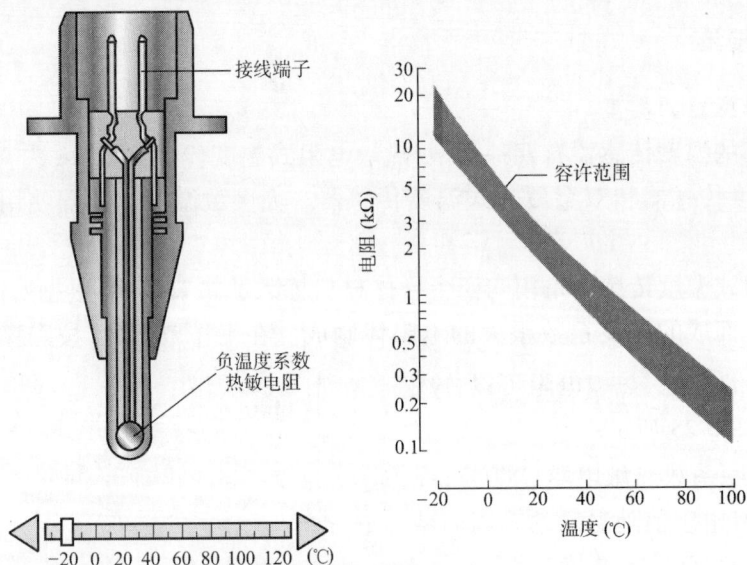

图 6-27　冷却液温度传感器的结构与特性

冷却液温度传感器接头有两端子与 ECU 连接,其中一条是信号线,输出电压随热敏电阻值的变化而变化,ECU 根据电压的变化测得发动机的冷却液温度;另一根是搭铁线,如图 6-28 所示。

三、任务准备

所需的工量具及材料：

（1）设备：丰田卡罗拉轿车一辆。

（2）工量具：数字式万用表、一字螺丝刀、导线等。

（3）材料：卡罗拉轿车维修手册、教材、现代汽车技术工作室、配备多媒体教学设备和课桌椅、工作台、各种类型冷却液温度传感器等。

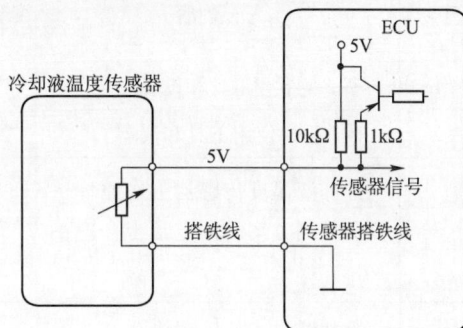

图6-28　冷却液温度传感器与ECU的连接电路

四、任务实施

1. 冷却液温度传感器的检测

1）拆下冷却液温度传感器

关闭点火开关，冷却发动机5min，排放冷却液，拔下冷却液温度传感器导线插接器，然后用19号的梅花扳手将冷却液温度传感器，从发动机出水管上拆下。

2）装配试验装备

把冷却液温度传感器置于传感器固定架上，并把其放置于烧杯中；把烧杯安置在支架上往烧杯内加水，水刚好满至传感器安装螺母下线合适。在烧杯中放置一支温度计。用酒精灯加热杯中的水，让其受热。

3）测量冷却液温度传感器的电阻

用导线将冷却液温度传感器与万用表表笔连接良好，使用万用表kΩ挡，观察温度计和万用表的读数变化：随着温度逐渐升高，所显示的电阻值下降，冷却液温度传感器的电阻值与温度的高低成反比。若不符合，应更换冷却液温度传感器。

丰田卡罗拉轿车冷却液温度传感器标准电阻值：在20℃（68℉）时为2.32～2.59kΩ，在80℃（176℉）时为0.310～0.326kΩ。

2. 检测后恢复设备

测量完毕，将温度计拿出，熄灭酒精灯，关闭万用表，待冷却液温度冷却后，将冷却液温度传感器拿出，重新安装到车上，注意安装密封胶或密封圈，加注冷却液。

五、任务评价

对本学习任务进行评价，学生技能考核评价表见表6-19。

六、学习拓展

1. 进气温度传感器

进气温度传感器的作用是用来检测进气温度，向ECU输入进气温度信号，作为燃油喷射和点火正时的修正信号。

技能考核评价表 表6-19

班级： 组别： 姓名：

序号	考核内容	配分	评分标准	考核记录	扣分	得分
1	检查工具和设备	5	不检查工具和设备扣5分			
2	正确使用工具和仪器	20	工具和仪器使用不当扣10分			
3	冷却液温度传感器工作原理认识和检测方案的制定是否合理正确	30	认知、分析错误每处扣2分			
4	冷却液温度传感器检测并正确诊断排除故障	30	检查方法不正确扣15分 检测结果不正确扣15分			
5	遵守安全规程，正确使用工量具，操作现场整洁	10	每项扣2分，扣完为止			
6	安全用电，防火，无人身设备事故	5	因操作不当发生重大事故，此项按0分计			
7	分数总计	100				

进气温度传感器安装位置有三种：一种是安装在空气滤清器之后的进气软管上，如图6-29所示；一种是安装在空气流量传感器上，如图6-30所示；一种是安装在进气压力传感器内，如图6-31所示。

图6-29 安装在滤清器之后的进气软管上

图6-30 安装在空气流量传感器上

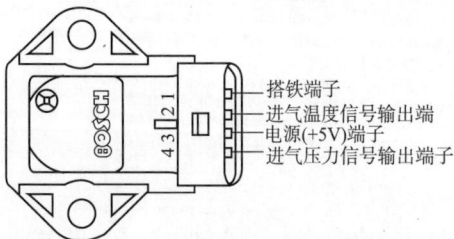

—搭铁端子
—进气温度信号输出端
—电源(+5V)端子
—进气压力信号输出端子

图6-31 安装在进气压力传感器内

进气温度传感器也用负温度系数热敏电阻制成，外部为环氧树脂密封，具有负温度系数特性（NTC），如6-32所示。

2.进气温度传感器的检测

电阻的检查：关闭点火开关，拔下进气温度传感器导线插接器，然后用十字螺丝刀将进气温度传感器从发动机空气滤清器处或进气歧管上拆下。万用表校表,用导线将传感器与万用表表笔连接良好。打开万用表,使用万用表 kΩ 挡,将温度计与传感器固定在一起,把传感器置于传感器固定架上。用吹风筒吹传感器如图 6-33 所示,观察温度计和万用表的读数变化:随着温度逐渐升高,所显示的电阻值下降,进气温度传感器的电阻值与温度的高低成反比,将测得的值与标准值相比较,若不符合,应更换进气温度传感器。

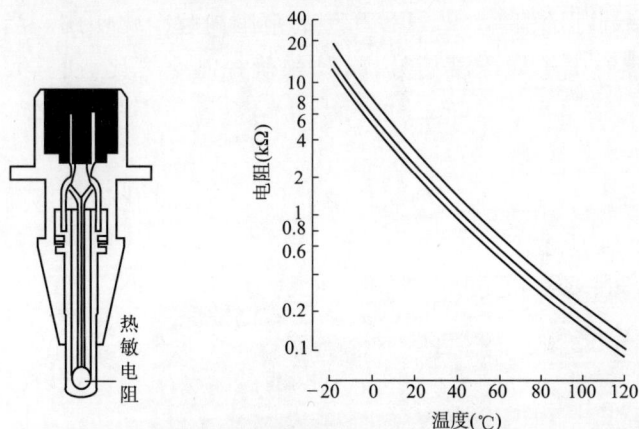

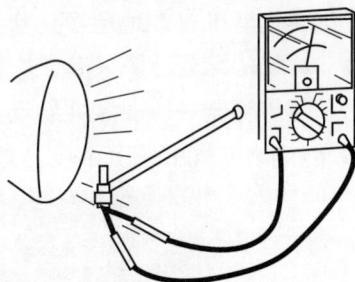

图 6-32　进气温度传感器的结构与特性　　　　图 6-33　进气温度传感器的检测

测量完毕,关闭万用表,将传感器拿出,重新安装到车上,注意安装密封胶或密封圈。

学习任务5　氧传感器原理与检测

某用户将使用了一年的丰田卡罗拉轿车开到维修站,车主反映车耗油量明显上升。4S 店工作人员检测后发现该车尾气排放浓度明显增加,检测尾气浓度超标严重。经维修人员诊断,需对该车的氧传感器进行检测。

学习过程

一、任务要求

氧传感器(简称 OX)需要进行检测,就车检测电源线是否有电,信号线是否有电压输出。如信号线无电压输出需拆下氧传感器进行检测,以判断是氧传感器的问题还是线路的问题。

二、资料搜集

1. 氧传感器的作用

在电子汽油喷射式发动机上进行反馈控制的传感器是氧传感器,它的作用是通过检测排放气体中氧的含量来获得混合气的空燃比浓稀信号,并将检测结果转变成电压信号输入 ECU,ECU 根据氧传感器输入的信号,不断地对喷油脉宽进行修正。使混合气浓度保持在理想范围内,实现空燃比的反馈控制,即闭环控制。利用氧传感器对发动机混合气的空燃比进行闭环控制后,能使过量空气系数控制在 0.98 ~ 1.02,使发动机在各种工况下获得最佳浓度的混合气,使有害气体的排放量降到最低,减少汽车排气污染。

为降低排气污染,目前汽车发动机的排气管上普遍安装了三元催化转化器,它能提高废气中一氧化碳(CO)、碳氢化合物(HC)和氮氧化合物(NOx)三种有害气体的净化率,但三元催化转化器只在空燃比接近理论值(A/F 14.7:1)的范围内起净化作用。当排气管中埋入氧传感器,根据检测排气中的氧浓度信号,ECU 精确控制空燃比,使三元催化转化器更有效地起净化作用。

2. 氧传感器的安装位置

氧传感器一般安装在发动机的排气管上。加热型氧传感器位于三元催化转化器前部,能检测废气中的氧浓度。如图 6-34 所示。

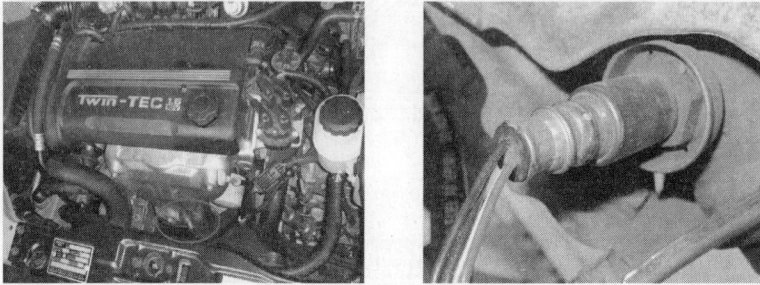

图 6-34　氧传感器的安装位置

3. 氧传感器的类型

目前汽车上采用的氧传感器有氧化钛(TiO_2)式和氧化锆(ZrO_2)式两种。氧化锆式氧传感器又分为加热型氧传感器和非加热型氧传感器两种。氧化钛式氧传感器本身带有一个电加热器。

4. 氧化锆式氧传感器的结构

氧化锆式氧传感器的基本元件是专用陶瓷体,即二氧化锆(ZrO_2)固体电解质。陶瓷体制成试管式的管状,又称锆管。锆管固定在带有安装螺钉的固定套中,锆管内外表面都覆盖着一层多孔性的铂膜作为电极。锆管内表面电极与大气相通,外表面则与废气接触。为了防止废气中的杂质腐蚀铂膜,在锆管外表的铂膜上覆盖着一层多孔的氧化铝保护层,并且还加装一个防护套管。氧传感器的接线端有一个金属保护套,其上开有一孔,用于锆管内表面与大气相通,导线将锆管内表面铂极经绝缘套从传感器引出,如图 6-35 所示。

为了保证氧传感器具有稳定的输出信号,必须保证氧传感器处于 300℃ 以上环境工作。因此,在氧传感器内部增加一个陶瓷加热元件,用来加热固体电解质(氧化锆元件)用于保证其工作温度,这种称为加热式氧化锆氧传感器,如图 6-36 所示。这种加热式氧传感器有四根线,两根与 ECU 相连,另外两根是电源正、负极线。加热元件受 ECU 控制,当进气量偏小(废气温度较低)时,电流流向加热器以加热传感器,从而便于准确检测空燃比。

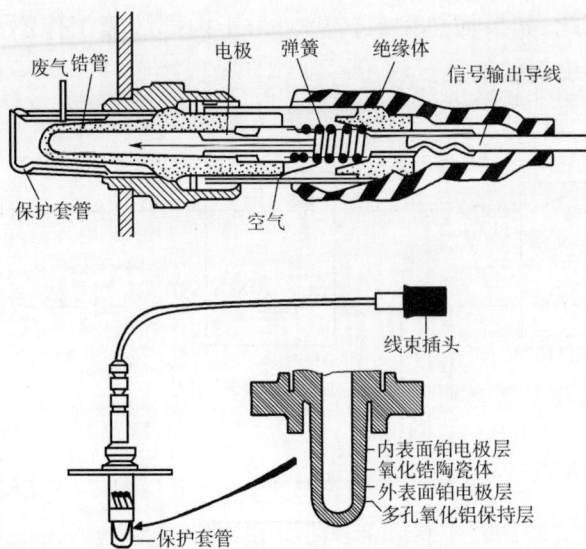

图 6-35 二氧化锆式氧传感器

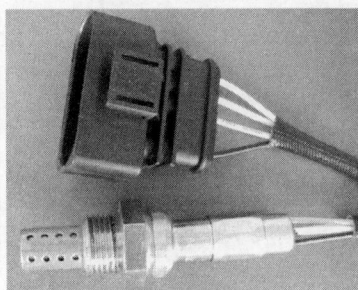

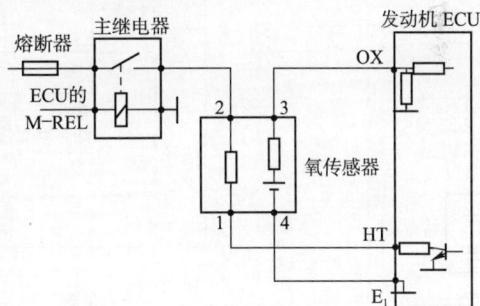

图 6-36 加热式二氧化锆式氧传感器

5. 氧化锆式氧传感器的工作原理

当空燃比较浓时,排放气体中的氧气比较少,废气中几乎无氧,传感器内外侧氧气浓度之差很大,大气中的氧离子通过锆元件就产生相对而言的大电压($0.8 \sim 1.0V$),所以指示灯亮。反之,当空燃比较低时,氧气浓度很高,传感器内外侧氧气浓度之差很小,产生的电压很低(接近 $0 \sim 0.2V$),指示灯不亮,如图 6-37 所示。图 6-38 所示为丰田卡罗拉轿车氧传感器电路图。

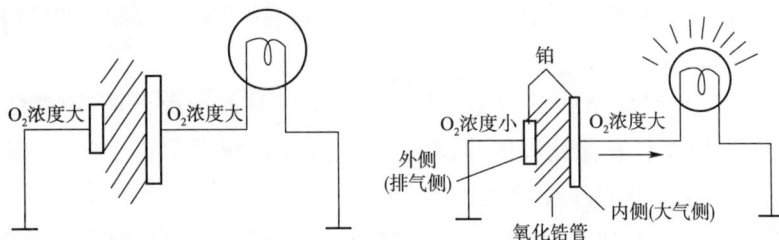

图 6-37 二氧化锆式氧传感器工作示意图

ECU 利用来自加热型氧传感器的补充信息,来判断空燃比是浓还是稀,并相应地调整燃油喷射时间。因此,如果加热型氧传感器由于内部故障工作不正常。ECU 就不能补偿主空燃比控制中出现的偏差。

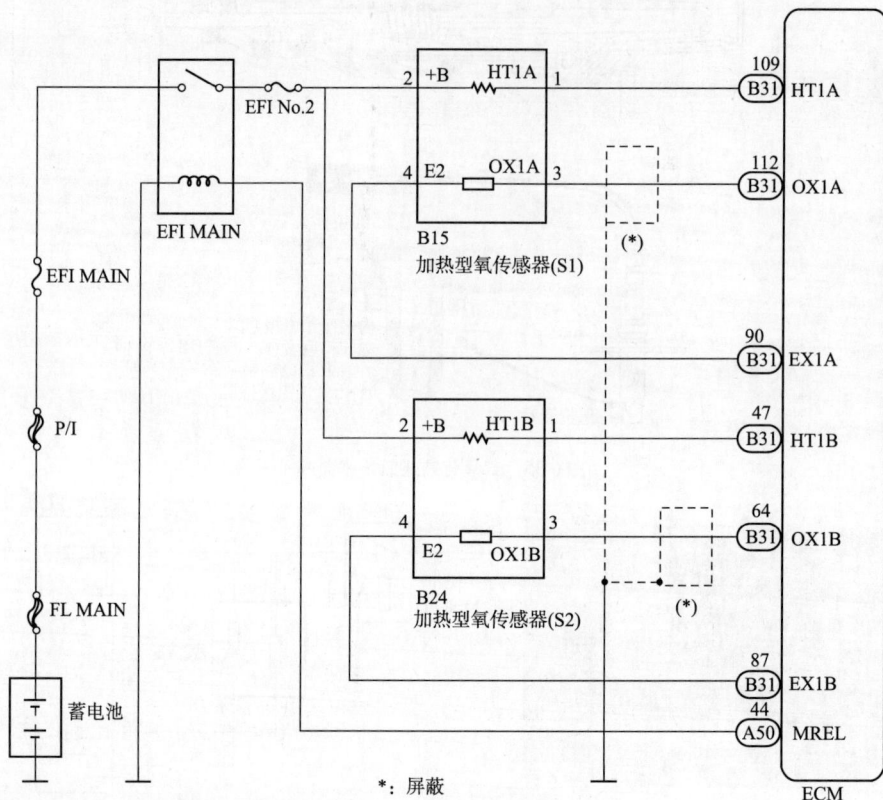

图6-38　氧传感器电路图

6. 氧化钛式氧传感器

氧化钛式氧传感器又称电阻型氧传感器,其外形和二氧化锆式氧传感器相似,在传感器前端的护罩内是一个二氧化钛厚膜元件。纯二氧化钛在常温下是一种高电阻的半导体,但表面一旦缺氧,其晶格便出现缺陷,电阻也随之减小。氧化钛式氧传感器正是利用这一特性来检测排气中的氧含量。

由于二氧化钛的电阻也随温度不同而变化,因此,在二氧化钛式氧传感器内部也有一个电加热器,如图 6-39 所示,以保持二氧化钛式氧传感器在发动机工作过程中的温度恒定不变。

图 6-40 所示为二氧化钛式氧传感器与电控单元的连接电路。电控单元(ECU)将一个恒定的 1V 电压加在二氧化钛氧传感器的正极,并将传感器负极上的电压降与电控单元控制程序中设定的参考电压相比较。

发动机混合气浓度变化时,排出的废气中的氧分子含量也发生变化,氧传感器的电阻也随之改变,使得与电控单元连接的氧传感器负极上的电压降也产生变化。当氧传感器负极上的电压高于参考电压时,电控单元判定混合气过浓,于是就控制喷油器逐渐减少喷油量。通过这样的反馈控制,使混合气浓度保持在理论空燃比附近的狭小范围内,如图 6-41 所示。

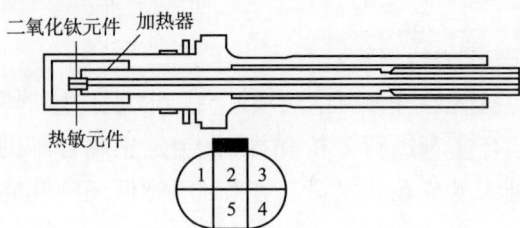

图 6-39　二氧化钛式氧传感器的结构

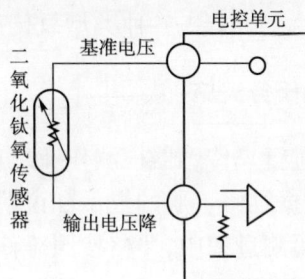

图 6-40　二氧化钛式氧传感器与电控单元的连接

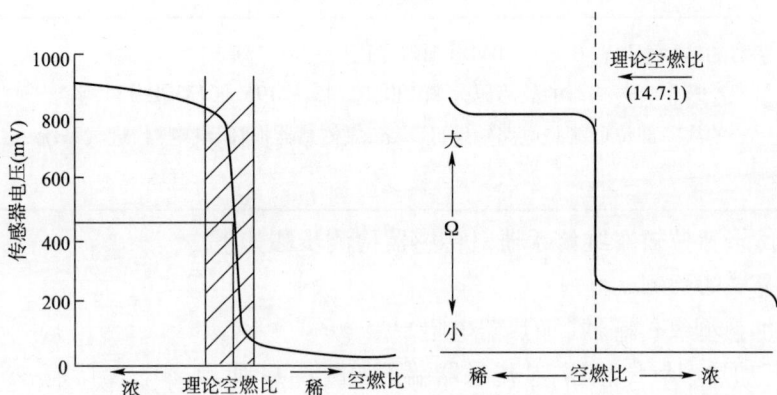

图 6-41　二氧化钛式氧传感器的输出特性

二氧化钛式氧传感器和二氧化锆式氧传感器的主要区别是:氧化锆式氧传感器是将废气中的氧分子含量的变化转换成电压的变化;而二氧化钛式氧传感器则是将废气中的氧分子含量的变化转换成传感器电阻的变化。

在发动机的运转过程中,并不是在任何时刻或任何工况下,氧传感器和反馈控制系统都起作用,电控单元是通过开环和闭环两种方式对发动机的喷油量进行控制。发动机在起动、大负荷及暖机运转过程中,需要浓混合气,此时电控单元处在开环控制状态,氧传感器不起作用。氧传感器只有在高温下(一般在 390℃ 才投入工作,产生可靠信号,而发动机在起动后,在氧传感器未达到一定温度之前,电控单元处于开环控制状态。当发动机达到正常工作温度后,电控单元才进行闭环控制,氧传感器才起反馈作用。当氧传感器出现故障、输出信号异常时,电控单元会自动切断氧传感器的反馈作用,使发动机进入开环控制工作状态。

三、任务准备

所需的工量具及材料:

(1)设备:丰田卡罗拉轿车一辆。

(2)工量具:数字式万用表、一字螺丝刀、可调式电源机、蓄电池及导线。

(3)材料:卡罗拉轿车维修手册、教材、现代汽车技术工作室、配备多媒体教学设备和课桌椅、工作台、各种类型氧传感器等。

四、任务实施

在进行氧传感器检测作业之前,应首先在车辆维修手册上找到"氧传感器"这一节内容,根据维修手册的提示和说明并结合实车进行分析和探讨,制定正确合理的检测方案。在检测过程中,严格按照维修手册的规范和要求进行操作,才能保证顺利完成氧传感器的检测作业,同时在维修过程中遵守 7S 原则。

丰田卡罗拉轿车氧传感器的特点见表6-20。

丰田卡罗拉氧传感器的特点　　　　　　　表 6-20

(1)氧传感器的信号电压在 0.2~1.0V 范围内变化;
(2)丰田卡罗拉轿车氧传感器的故障码为 P0130、P2195、P2196、P0133、P0134 等;
(3)氧传感器的故障部位可能是电路短路或断路、氧传感器损坏、继电器、进气系统、燃油压力、喷油器、电脑板问题

根据丰田卡罗拉轿车维修手册氧传感器检测步骤如下。

1. 氧传感器的检测

1)检查加热型氧传感器(加热器电阻)

(1)断开加热型氧传感器,其传感器端子如图 6-42 所示。

(2)测量 B15-1(HT1A)—B15-2(+B)的电阻,应为 5.0~10.0Ω。

(3)测量 B15-1(HT1A)—B15-4(E2)的电阻,应为 10kΩ 或更大。

2)检查加热型氧传感器(电源电压)

(1)断开加热型氧传感器插接器,其连接线束如图 6-43 所示。

(2)将点火开关置于 ON 位置。

(3)读取 B15-2(+B)—车身搭铁的电压值,应在 9~14V 范围内。

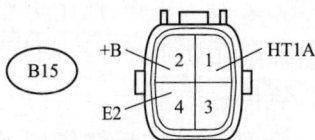

图 6-42　氧传感器端子　　　　　图 6-43　氧传感器线束

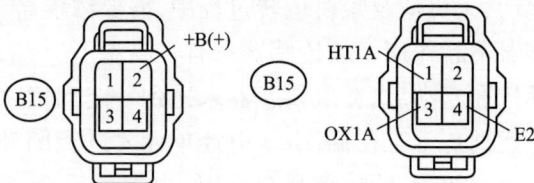

3)检查加热型氧传感器(OX1A 电压)

(1)重新连接加热型氧传感器插接器。

(2)起动发动机,使发动机在 2500r/min 的转速下运行 90s。

（3）发动机怠速运转时，读取 B15 - 3（OX1A）—B15 - 4（E2）的电压值。

让发动机以 2500r/min 左右的转速保持运转，同时检查电压指针能否在 0 ~ 1V 之间来回摆动，记下 10s 内电压表指针摆动次数。在正常情况下，随着反馈控制的进行，氧传感器的电压将在 0.4V 左右不断变化，10s 内反馈电压的变化次数应不少于 8 次，如图 6-44 所示。

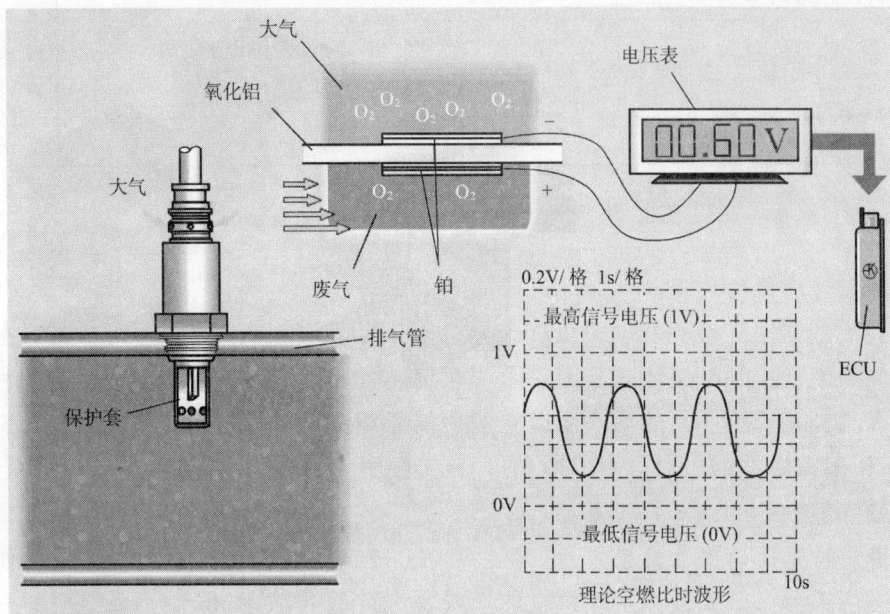

图 6-44　氧传感器信号电压

2. 检测后恢复设备

恢复设备，清洁工量具及场地，重新读取 OX1 数据流，检查车辆是否恢复。

五、任务评价

对本学习任务进行评价，学生技能考核评价表见表 6-21。

技能考核评价表　　　　　　　　　　　　　　　表 6-21

班级：　　　　　　　　　　组别：　　　　　　　　　姓名：

序号	考核内容	配分	评分标准	考核记录	扣分	得分
1	检查工具和设备	5	不检查工具和设备扣 5 分			
2	正确使用工具和仪器	20	工具和仪器使用不当扣 10 分			
3	氧传感器工作原理认识和检测方案的制定是否合理正确	30	认知、分析错误每处扣 2 分			
4	氧传感器检测并正确诊断排除故障	30	检查方法不正确扣 15 分			
			检测结果不正确扣 15 分			

续上表

序号	考核内容	配分	评分标准	考核记录	扣分	得分
5	遵守安全规程,正确使用工量具,操作现场整洁	10	每项扣2分,扣完为止			
6	安全用电,防火,无人身设备事故	5	因操作不当发生重大事故,此项按0分计			
7	分数总计	100				

六、学习拓展

1. 爆震传感器的作用

爆震传感器用于检测发动机爆震,是点火时刻闭环控制系统必不可少的重要部件,点火时刻的闭环控制是采用爆震传感器检测发动机是否发生爆震作为反馈信号,从而决定点火时刻是提前还是滞后。所以它的功能是将发动机爆震信号转变成电信号输入ECU,ECU根据爆震信号对点火提前角进行修正,从而使点火提前角在任何工况下都保持一个最佳值。

2. 爆震传感器的安装位置

爆震传感器一般安装在发动机缸体上或者汽缸盖上,如图6-45所示。

3. 爆震传感器的工作原理

图6-46所示为爆震控制的输入处理回路,从图上可知爆震传感器把信号输入ECU后要进行滤波处理,并判定有无爆震产生。

图6-45 爆震传感器安装位置

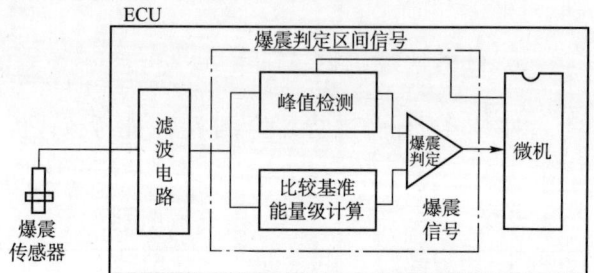

图6-46 爆震控制的输入处理回路

图6-47所示为爆震控制处理时间图。因为爆震只在燃烧期间产生,所以为了避免因干扰引起误检测,只在爆震判定期间进行判定处理。由ECU程序完成对爆震的控制,在发动机缸体因爆震而振动时,就会产生电压。在检测到爆震时,立即推迟点火提前角来加以抑止。

对于爆震控制组件,其爆震振动检测部分只检出7kHz的输出信号,强度判定部分只检测出一定水平以上的爆震(小的爆震不检测),通过确认该水平的程度就可判定其

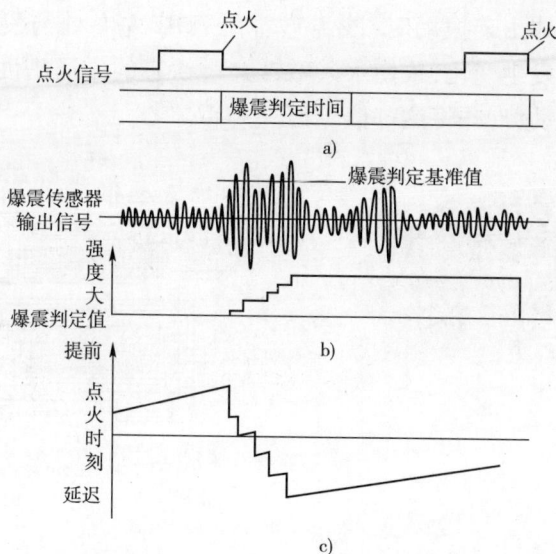

图6-47 爆震控制处理时间图

强度。ECU通常把爆震分成几个等级,其中有强爆震、中等爆震、弱爆震。一旦爆震发生,ECU将根据爆震强度推迟点火时间,爆震强度越大,推迟量也越大,反之就小。当爆震停止时,ECU又以一定角度递增点火提前角,直到再次发生爆震为止。闭环控制调整点火提前角的方式如图6-48所示。

4.爆震传感器的类型

发动机爆震的检测方法有汽缸压力法、发动机机体振动法和燃烧噪声法等。其中汽缸压力检测方法精度最好,但存在爆震传感器的耐久性差和安装困难等问题。燃烧噪声检测法由于是非接触式的,它的耐久性好,但精度和灵敏度低。目前,在汽车上常用的检测方法是发动机机体振动检测法。采用发

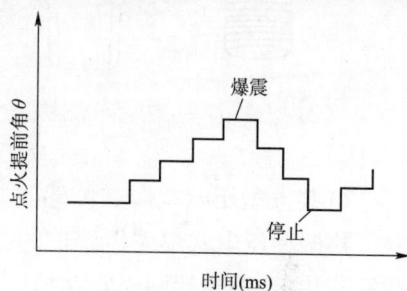

图6-48 点火提前角的调整方式

动机机体振动检测方法的爆震传感器有共振型和非共振型两大类,共振型又分为磁致伸缩式和压电式两种;非共振型又有压电式和垫圈式爆震传感器。

1)共振型磁致伸缩式爆震传感器

磁致伸缩式爆震传感器安装在发动机上,它将发动机振动频率转换成电压信号,以检测爆震强度。

磁致伸缩式爆震传感器内部有永久磁铁、在其周围绕有感应线圈,如图6-49所示。由于发动机爆震而使机体产生振动,磁心受振偏移致使感应线圈内的磁力线发生变化。根据电磁感应原理,通过线圈的磁通量发生变化,线圈内将产生感应电动势,此电动势即为爆震传感器的输出电压信号。输出电压的大小与发动机的振动频率有关,当传感器固有振动频率与发动机的振动频率相同时将产生谐振。这时,传感器将输出最大电压信号。

当发动机的汽缸体出现振动时,该传感器在 7kHz 左右处与发动机产生共振,强磁性材料铁芯的磁导率发生变化,致使永久磁铁穿过铁芯的磁通密度也变化,从而在铁芯周围的绕组中产生电动势,并将这一信号输入 ECU。

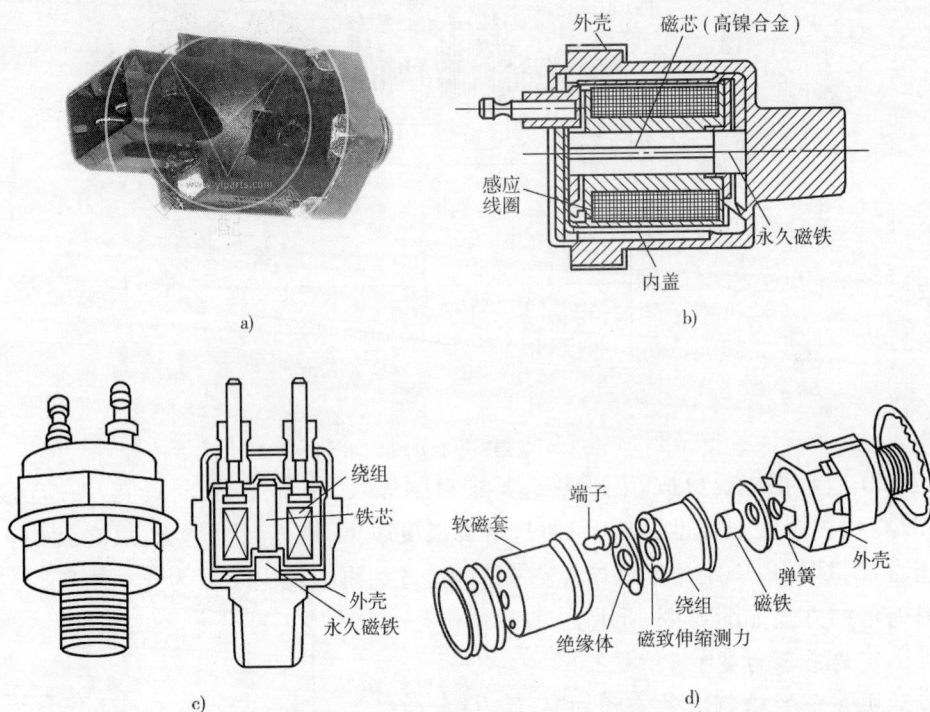

图 6-49 共振型磁致伸缩式爆震传感器的结构

2) 共振型压电式爆震传感器

共振型压电式爆震传感器的结构如图 6-50 所示。该传感器中压电元件紧密地贴合在振荡片上,振荡片则固定在传感器的基座上。振荡片随发动机的振动而振荡,波及压电元件,使其变形产生电压信号。当发动机爆震时的振动频率与振荡片的固有频率相符合时,振荡片产生共振。此时,压电元件将产生最大的电压信号,如图 6-51 所示。该爆震传感器在发动机爆震时输出的电压比较高,因此无须使用滤波器即可判别有无爆震产生。

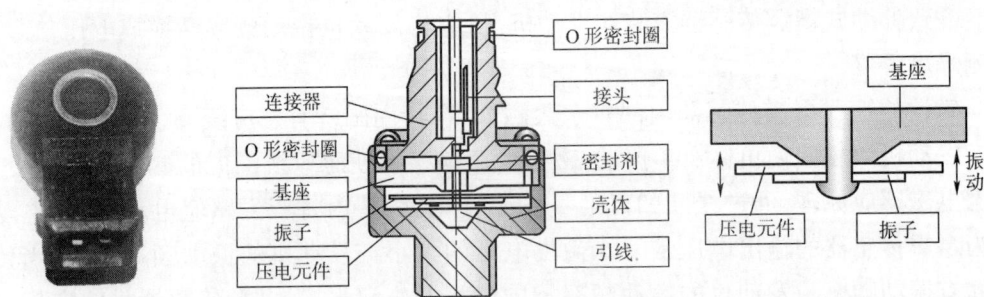

图 6-50 共振型压电式爆震传感器

3）非共振型压电式爆震传感器

非共振型压电式爆震传感器利用结晶或陶瓷多晶体的压电效应而工作,也有利用掺杂硅的压电电阻效应的。非共振型压电式爆震传感器的结构如图 6-52 所示。它由平衡重、压电元件、壳体、电气连接装置等组成。两个压电元件同极性相向对接,平衡重将加速变换成作用在压电元件上的压力,输出电压由两个压电元件的中央取出,平衡重由螺钉固定在壳体上。该传感器结构简单,制造时不需要调整。

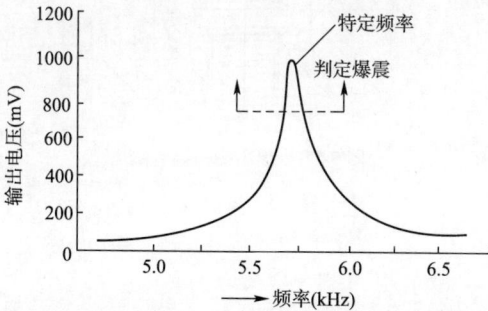

图 6-51　共振型压电式爆震传感器输出电压与频率的关系

图 6-52　非共振型压电式爆震传感器的结构

当发动机的汽缸体出现振动且振动传递到传感器外壳上时,外壳与配重块之间产生相对运动,夹在这两者之间的压电元件所受的压力发生变化,从而产生电压,如图 6-53 所示。ECU 检测出电压,并根据其值的大小判断爆震强度。

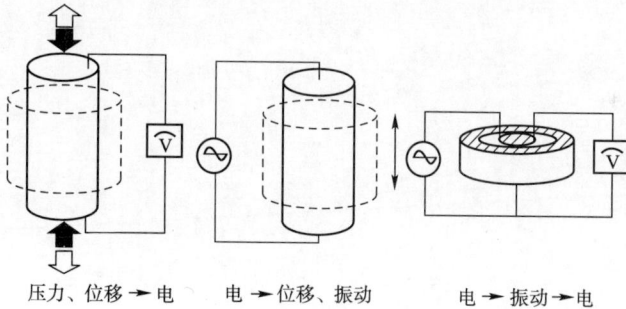

图 6-53　非共振型压电式爆震传感器的工作原理

在发动机爆震发生时,这种传感器输出的电压不大,具有平缓的输出特性。因此,需要将反映发动机振动频率的输出电压信号送到识别爆震的滤波器中,判别是否有爆震产生的信号,如图 6-54 所示。

该爆震传感器的优点是其检测频率范围宽,频率范围为 6～15kHz,可检测很宽频带的发动机振动频率。用于不同发动机上时,只需将滤波器的过滤频率调整即可使用,而不需要更换传感器。

4）非共振垫圈型爆震传感器

非共振垫圈型爆震传感器结构如图 6-55 所示。它安装在火花塞垫圈与汽缸盖间,通过检测火花塞拧紧力矩的变化,间接地测量燃烧压力。

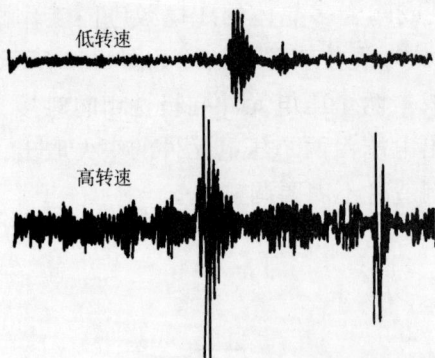

低转速

高转速

图 6-54　非共振型压电式爆震传感器输出波形

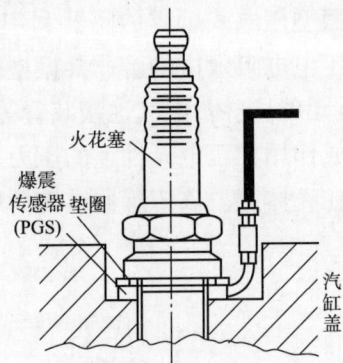

火花塞

爆震
传感器　垫圈
(PGS)

汽缸盖

图 6-55　垫圈型爆震传感器

学习项目7　执行器原理与检测

学习任务1　电动燃油泵的原理与检测

情景描述

一辆1.6L卡罗拉轿车,进入修理厂,车主反映该车起动时间很长,怠速时抖动,运转无力,走走停停,很耗油。经维修人员检查后发现燃油泵的工作异常,需要对燃油泵进行拆卸检查,必要时进行更换。

学习目标

知识目标

1. 知道燃油泵的作用、工作原理及安装位置;
2. 知道燃油泵的类型及常见故障现象;
3. 知道燃油泵的检测方法及判断性能好坏;
4. 能对工作任务的完成情况进行正确总结和评估,会根据其他车型的维修手册制定燃油泵检测的基本工作流程。

技能目标

1. 会使用燃油泵检测工具,能准备检测燃油泵的材料;
2. 能根据实际情况,正确制定燃油泵检测的基本工艺流程;
3. 操作过程中能遵守安全操作规范和7S现场管理要求。

学习内容

1. 燃油泵工作原理及类型;
2. 燃油泵功用;
3. 检测燃油泵并判断好坏。

建议课时

4课时

学习过程

一、学习任务

能根据维修手册规范对燃油泵进行就车或单件检测,并对燃油泵的性能进行判断。更换好燃油泵后起动车辆,汽车能正常运转。

二、资料搜集

1. 燃油泵的作用

电动燃油泵的作用是连续不断地向燃油系统供给具有足够压力的燃油。

2. 燃油泵的分类

按结构形式分有滚柱泵、叶片泵、齿轮泵、涡轮泵、侧槽泵的双级泵等,目前常用的有滚柱泵、叶片泵、齿轮泵三种燃油泵。桑塔纳轿车系列采用低压叶片式电动燃油泵,红旗轿车采用齿轮式电动燃油泵。目前常见的是滚柱式燃油泵和叶片式燃油泵。

按安装位置分有内装式燃油泵(叶轮式燃油泵)和外装式燃油泵(滚柱式燃油泵)两种。外装式燃油泵是将燃油泵装在油箱外的输油管上,通常用金属支架和橡胶减振垫固定在汽车的车架上;内装式燃油泵是将燃油泵装在燃油箱内,通常用固定在油箱上的燃油泵支架悬挂在油箱内。目前,大多数汽车都采用内装式燃油泵。与外装式燃油泵相比,内装式燃油泵不易产生气阻和燃油泄漏,有利于燃油输送和电动机冷却,且噪声小。

3. 电动燃油泵的结构原理

电动燃油泵是一种由小型直流电动机驱动的油泵,电动机和油泵制成一体,密封在一个泵壳内。总的来说主要由永磁式直流电动机、油泵、限压阀、止回阀和泵壳等组成。电动机由永久磁铁、电枢、换向器和电刷等组成。油泵由泵转子和泵体组成。泵转子固定在电动机轴上,随电动机转动而转动。如图7-1所示。

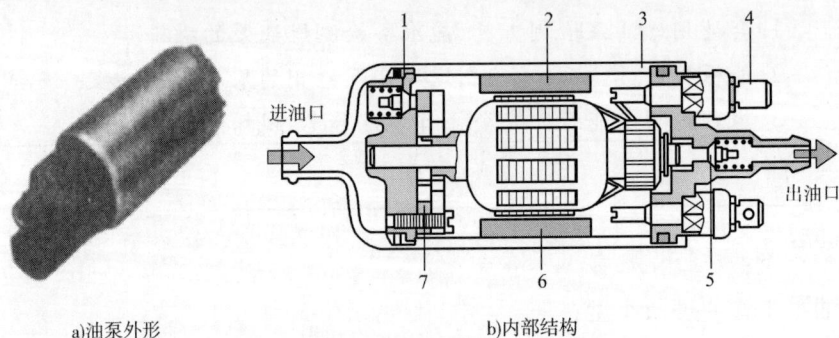

a)油泵外形　　　　　　　　　　　　　b)内部结构

图7-1　电动燃油泵的结构

1-限压阀;2-电枢;3-泵壳;4-接线插头;5-止回阀;6-永久磁铁;7-泵体

4. 电动燃油泵的特点及工作原理(以卡罗拉1.6L轿车为例)

卡罗拉1.6L轿车的电动燃油泵是叶片式燃油泵,它的特点和原理如下。

1）特点

（1）使用叶轮,体积小,质量轻,电动机可小型轻量化。

（2）装在油箱内不占空间,管路也简化,无气阻及燃油泄漏问题。

（3）泵油时脉动小,不需调节阀。

（4）转子无磨损,运转噪声小,使用寿命长。

2）工作原理

当燃油泵电动机运转时,电动机轴带动油泵转子一同旋转。由于转子转速较高,因此在叶片小槽与泵体进油口之间就会产生真空。当叶片小槽转到进油口 B 处时,在真空吸力的作用下,燃油被吸入泵体内;当叶片小槽转到油泵出油口 A 处时,在离心力和燃油压力的共同作用下,燃油便从出油口压出并流向电动机。叶片泵出燃油越多,电动机壳体内的燃油压力就越高。如图 7-2 所示。

无论何种类型的燃油泵,都有止回阀和限压阀。燃油泵的限压阀是一种燃油输送管路的保护装置。当燃油系统正常工作时,阀门关闭,燃油不断地被送出泵体。而当油压过高时,阀门打开,部分燃油在油泵和电动机内部循环,这样可以防止燃油压力继续上升,避免燃油管堵塞时油压过高而造成油管破裂、漏油或燃油泵损坏;燃油泵止回阀的作用是在油泵不工作时阻止燃油倒流回油箱,以保持发动机停机后的燃油压力,便于下一次的起动。叶轮式燃油泵使用寿命大于 5000h,油泵压力可高达 600kPa 以上。

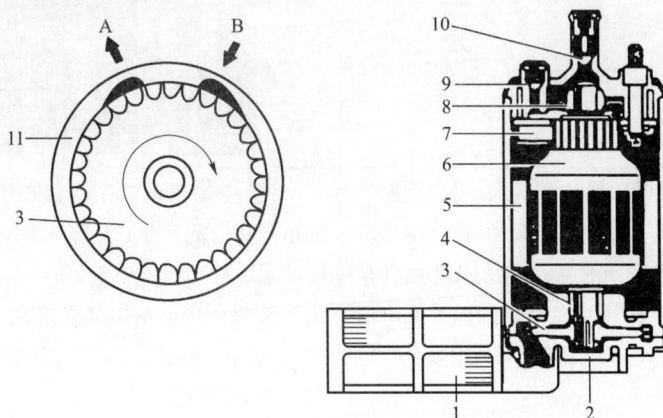

图 7-2 叶片式燃油泵的结构与工作原理图

1-滤网;2-橡胶缓冲垫;3-平板叶片转子;4、8-轴承;5-永磁磁极;6-电枢;7-电刷;9-限压阀;10-止回阀;11-泵体;A-出油口;B-进油口

5.电动燃油泵常见故障

电动燃油泵常见故障是:打开点火开关,电动燃油泵没有反应或突然不来油,燃油泵内振动声停止,但接通电源的瞬间有声,很快声音消失;振动声正常,但供油量不足,油杯内有许多气泡。

常见故障现象总的来说是:①起动困难;②怠速不稳;③加速不良、行驶无力、走走停停。

三、任务准备

(1)设备:卡罗拉轿车一辆或单件燃油泵。

(2)工量具:数字式万用表、导线、蓄电池或电源机。

(3)材料:清洁用纱布。

四、任务实施

经维修人员诊断,怀疑车辆的故障原因是电动燃油泵,因此将电动燃油泵从车上拆下来,本次操作任务是对单件电动燃油泵进行检测,对其性能进行判断,并填写检测记录表。

1. 燃油泵的单件检测与性能判断

燃油泵检测步骤见表7-1。

燃油泵检测步骤　　　　　　　　　　　　　　　　　　表7-1

(1)检查工具、材料与设备:数字式万用表,导线若干,电源机、清洁用纱布等	(2)校对数字式万用表
(3)电动燃油泵电阻的检测,用万用表欧姆挡测量电动燃油泵上两个接线端子间的电阻,即为电动燃油泵直流电动机线圈的电阻(阻值大小由各车型而定),如1.6卡罗拉轿车燃油泵的标准电阻值是 $0.2\sim3\Omega$(20℃时)。如电阻值不符,则须更换电动燃油泵 	(4)电动燃油泵工作状态的检查。将电动燃油泵与蓄电池相接(正负极不能接错),并使电动燃油泵尽量远离蓄电池,每次接通不超过10s(时间过长会烧坏电动燃油泵电动机的线圈)。通电时,燃油泵应高速运转,如电动燃油泵不转动,则应更换电动燃油泵

2. 填写燃油泵检测记录表

燃油泵检测记录表见表7-2。

电动燃油泵的检测记录表 表7-2

学号		姓名		指导教师	
检测内容	电阻	动作情况		标准数值范围	性能
检测结果					

五、任务评价

对本学习任务进行评价,学生技能考核评价表见表7-3。

技能考核评价表 表7-3

班级: 组别: 姓名:

序号	考核内容	配分	评分标准	考核记录	扣分	得分
1	检查工具和设备	5	不检查工具和设备扣5分			
2	正确使用工具和仪器	10	工具和仪器使用不当扣10分			
3	拆卸燃油泵	20	拆卸方法不正确扣10分			
			拆卸顺序不正确扣10分			
4	检测燃油泵	20	检查方法不正确扣10分			
			检测结果不正确扣10分			
5	判断燃油泵的性能	20	判断方法不正确扣20分			
6	安装燃油泵	10	安装方法不正确扣10分			
7	遵守安全规程,正确使用工量具,操作现场整洁	10	每项扣2分,扣完为止			
8	安全用电,防火,无人身设备事故	5	因操作不当发生重大事故,此项按0分计			
9	分数总计	100				

六、学习拓展

电动燃油泵的种类很多,以上介绍的是叶片式燃油泵的原理和检测,下面介绍其他类型燃油泵的原理,检测方法是相同的,在这里不再说明。

(一)滚柱式燃油泵

1. 滚柱式燃油泵的结构组成

如图7-3所示,滚柱式燃油泵主要由泵转子、泵体和滚柱组成。泵转子偏心地压装在长的电枢轴上,随着电动机一起转动。泵转子周围制有齿缺,滚柱安装在齿缺与泵体之间的空腔内。泵体侧面制有进油口和出油口。泵转子与泵体之间的间隙能让泵转子灵活地转动。

2.滚柱式燃油泵的工作原理

工作原理:是利用容积变化来输送燃油。当直流电动机转动时,带动泵转子一起旋转,滚柱因离心力作用,紧压泵体内表面而绕内壁移动。因此,以泵转子、泵体和滚柱三个零件所形成的容积在旋转的过程中发生了变化(图中左侧容积增大,右侧容积减小),燃油从容积增大的一侧吸入(形成低压油),在容积减小的一侧压出(形成高压油)。然后流向电动机,使电动机得到冷却。

当电枢周围泵壳内的燃油油压高于燃油泵出油口止回阀弹簧的压力时,燃油便从燃油泵的出油口经输油管输送到喷油器。

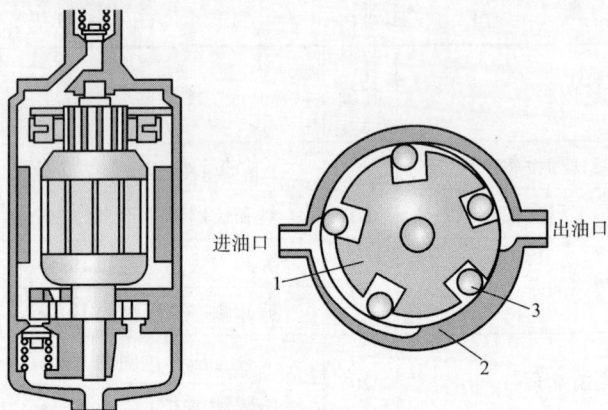

图 7-3 滚柱式燃油泵的结构与原理
1-泵转子;2-泵体;3-滚柱

(二)齿轮式电动燃油泵

1.齿轮式电动燃油泵的结构组成

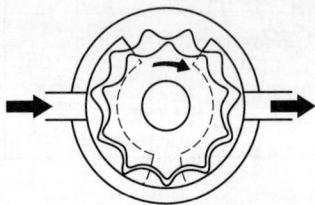

如图 7-4 所示,齿轮式电动燃油泵主要由内齿轮、外齿轮和泵体组成。

2.齿轮式电动燃油泵工作原理

其工作原理与滚柱泵相似,也是利用容积的变化来输送燃油。电动机旋转,内齿轮旋转并与外齿轮啮合,泵腔容积发生变化,容积增大的一侧吸入燃油,容积减小的一侧压出燃油。

图 7-4 齿轮式燃油泵结构原理图

(三)缸内直喷系统高压燃油泵

高压油泵是缸内直喷燃油系统加压的关键环节,在低压油泵将燃油送到高压油泵之后,高压油泵可以将汽油加压到十余兆帕的压力(这是普通燃油泵压力的 30~40 倍),并将汽油输送入油轨。高压油泵里集成了燃油压力调节阀和限压阀,为系统提供过压保护。

图 7-5 所示为大众 1.4TSI 直喷发动机高压燃油泵,它由凸轮轴的四点式凸轮驱动。TSI 直喷发动机的高压燃油泵是一个结构简单的单柱塞泵,泵成一定角度安装在汽缸盖罩上,靠进气凸轮轴上的四方(四点式)凸轮来驱动。四点式凸轮可使油泵供油行程和

各缸相应喷油过程同步,各缸喷油均匀性和重复性比较好。

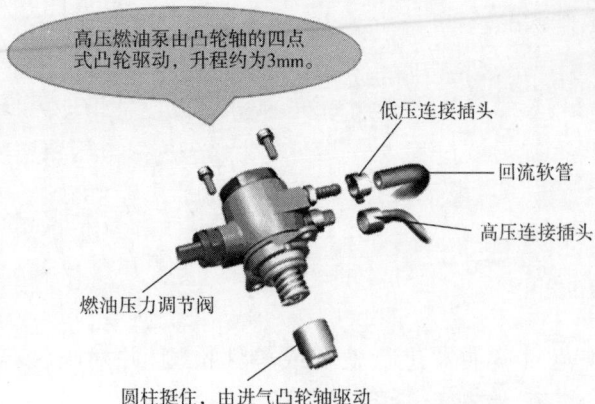

高压燃油泵由凸轮轴的四点
式凸轮驱动,升程约为3mm。

低压连接插头

回流软管

高压连接插头

燃油压力调节阀

圆柱挺住,由进气凸轮轴驱动

图7-5 大众1.4TSI直喷发动机高压燃油泵

学习任务2 喷油器的原理与检测

情景描述

一辆1.6L卡罗拉轿车,进入修理厂,车主反映该车发动机有时起动困难。起动后该车动力大不如以前,加速也迟缓了,而且怠速不稳,有时容易熄火及排气冒黑烟。经维修人员的检查后发现喷油器的工作异常,需要对喷油器进行拆卸检查,必要时进行更换。

学习目标

知识目标

1. 知道喷油器的作用、工作原理及其在汽车上的安装位置;

2. 知道喷油器的类型及常见故障现象;

3. 知道喷油器的检测方法及判断性能好坏;

4. 能对工作任务的完成情况进行正确总结和评估,会根据其他车型的维修手册制定喷油器检测的基本工作流程。

技能目标

1. 会使用喷油器检测工具,能准备检测喷油器的材料;

2. 能根据实际情况,正确制定喷油器检测的基本工艺流程;

3. 操作过程中能遵守安全操作规范和7S现场管理要求。

学习内容

1. 喷油器工作原理及类型;

2.喷油器功用;

3.检查喷油器工作状况。

建议课时

4 课时

学习过程

一、任务描述

根据维修手册规范对喷油器进行就车或单件检测,并对喷油器的性能进行判断。更换好喷油器后起动车辆,汽车能正常运转。

二、资料搜集

1.喷油器的结构组成

喷油器是电磁式喷油器的简称,安装在燃油分配管上,进气歧管末端。其功用是根据各缸工况,将一定压力的汽油定量地以雾状喷入进气管(或汽缸),并与空气混合。主要由针阀、复位弹簧、电磁线圈和电插头等组成,其中针阀由喷油器体与衔铁构成,其结构如图 7-6 所示。

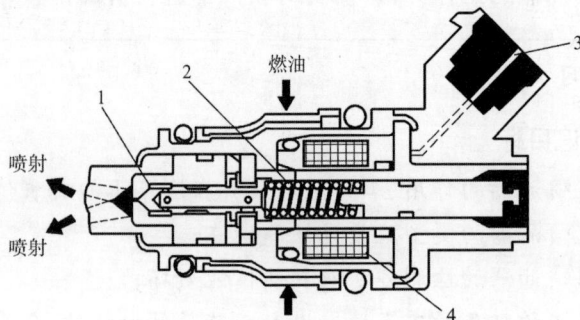

图 7-6　喷油器的组成

1-针阀;2-复位弹簧;3-电插头;4-电磁线圈

喷油器是发动机电控汽油喷射系统执行机构中的一个关键部件,是一种加工精度非常高的精密件。为了满足燃油喷射系统控制精度的要求,要求喷油器具有抗堵塞性能好、燃油雾化好、喷油结束时不发生滴漏和动态流量范围大等优点。

2.喷油器的分类

按总体结构不同,喷油器可分为轴针式、球阀式和片阀式三种。按喷油器电磁线圈阻值大小,喷油器可分为高阻型($13 \sim 18\Omega$)和低阻型($1 \sim 3\Omega$)两种。国产轿车普遍采用球阀式高阻型喷油器,如宝来、捷达轿车为 $13 \sim 18\Omega$($20℃$);威驰轿车为 $14.0 \sim 15.0\Omega$($20℃$)等。如图 7-7 所示。

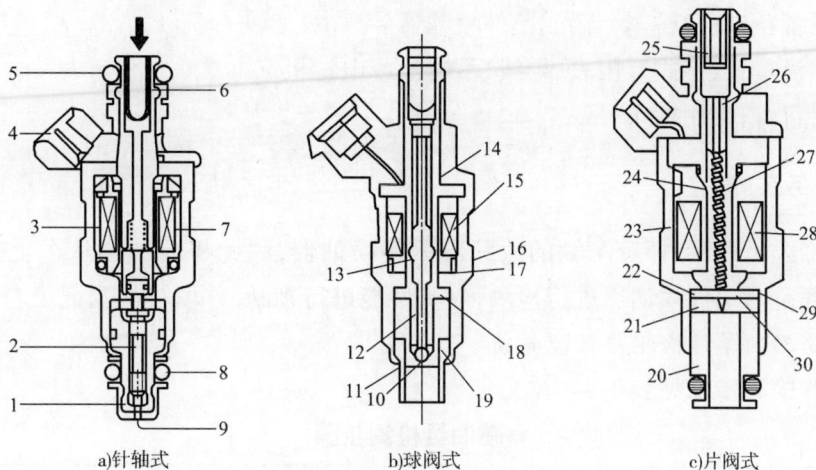

a)针轴式　　　　　　b)球阀式　　　　　　c)片阀式

图7-7　喷油器结构形式分类

1-针阀座;2-针阀体;3-复位弹簧;4-线束插座;5、8-O形密封圈;6-燃油滤网;7-电磁线圈;9-轴针;10-喷孔;11-阀座;12-阀针;13-弹簧;14-盖;15-电磁线圈;16-喷油器体;17-衔铁;18-挡块;19-护套;20-喷嘴套;21-阀座;22-挡圈;23-喷油器体;24-铁芯;25-滤清器;26-调压滑套;27-弹簧;28-电磁线圈;29-限位圈;30-阀片

3.喷油器的工作原理

当喷油器的电磁线圈接通电流时,线圈中就会产生电磁吸力吸引阀体。当电磁吸力大于复位弹簧的弹力时,阀体压缩弹簧向上移动。阀体上移时,球阀或针阀随阀体一同上移并离开阀座使阀门打开,阀座内燃油便从喷孔喷出。因为阀座上设置有螺旋油道和2~4个喷孔,所以当具有一定压力的燃油沿螺旋油道喷出时,形状呈小于35°的圆锥雾状,并与空气混合形成雾化良好的可燃混合气。

当喷油器电磁线圈的电流切断时,电磁吸力消失,阀体在复位弹簧的弹力作用下复位,球阀或针阀回落到阀座上将阀门关闭而停止喷油。

喷油量的多少,由喷油器通电时间的长短来控制。通电时间的长短称为脉冲宽度,喷油器通电时间越长,脉冲宽度越宽,喷油量越多。

缸外喷射式喷油器通电时电压很低,燃油压力也低;缸内直接喷射式喷油器通电时电压很高,燃油压力也很高。喷油器通电时升程很小,为0.1~0.2mm,喷油器线圈每次通电时间为1~1.5ms。

4.喷油器常见故障

喷油器一旦出现故障,不仅影响到发动机正常运转,造成动力性能、经济性能下降,严重时甚至使发动机停转。其常见故障有:喷油器不喷油、滴漏或各缸喷油器喷油量不一致等。

喷油器的主要故障是喷油器损坏、喷油器线路短路或断路。

三、任务准备

所需的工量具及材料:

(1)设备:卡罗拉轿车一辆或单件喷油器。

(2)工量具:数字式万用表、导线、蓄电池或电源机。

(3)材料:清洁用纱布。

四、任务实施

经维修人员诊断,怀疑车辆的故障原因是喷油器,因此将喷油器从车上拆下来,本次操作任务是对单件喷油器进行检测,对其性能进行判断,并填写检测记录表。

1.喷油器的单件检测与性能判断

喷油器检测步骤见表7-4。

喷油器检测步骤　　　　　　　　　　　　　　　　　　　　表7-4

(1)检查工具、材料与设备:喷油器、电源机、数字式万用表、若干导线及清洁用纱布	(2)校对数字式万用表
(3)喷油器电磁线圈电阻的检测。用万用表欧姆挡测量喷油器两个接线端子间的电阻值。其电阻值应符合标准,如不符,应更换喷油器	(4)给喷油器两端子接 12V 的间歇电压,喷油器应发出"嗒嗒嗒"的声音,否则更换喷油器
(5)喷油量的检查。把喷油器安装在喷油嘴清洗检测仪上,选择喷油量检测挡,起动后,检测仪自动工作。工作结束后,可由量杯得知喷油器的喷油量。 卡罗拉轿车的标准参考数据是:喷油器喷油量 $60 \sim 73cm^3/15s$;各喷油器间的差别是:$13cm^3$ 或更少;喷油器的喷油量和各喷油器间的差别要符合标准,否则应清洗或更换喷油器	(6)检查漏油情况。喷油器喷油量检测后,脱开喷油器的电源连接,察看喷油器的漏油情况,如不符合标准,则更换喷油器。 卡罗拉轿车的标准参考数据(喷油器标准泄漏:每 12min 1 滴或更少)

以上是卡罗拉轿车的标准参考数据,汽车类型不同,标准也不同。

2. 填写喷油器的检测记录表

喷油器的检测记录表见表7-5。

喷油器的检测记录表　　　　　　　　　　　表7-5

学号		姓名		指导教师	
检测内容	电阻	动作情况		标准数值范围	性能
检测结果					

五、任务评价

对本学习任务进行评价,学生技能考核评价表见表7-6。

技能考核评价表　　　　　　　　　　　表7-6

班级:　　　　　　　　组别:　　　　　　　　姓名:

序号	考核内容	配分	评分标准	考核记录	扣分	得分
1	检查工具和设备	5	不检查工具和设备扣5分			
2	正确使用工具和仪器	10	工具和仪器使用不当扣10分			
3	拆卸喷油器	20	拆卸方法不正确扣10分			
			拆卸顺序不正确扣10分			
4	检测喷油器	20	检查方法不正确扣10分			
			检测结果不正确扣10分			
5	判断喷油器的性能	20	判断方法不正确扣20分			
6	安装喷油器	10	安装方法不正确扣10分			
7	遵守安全规程,正确使用工量具,操作现场整洁	10	每项扣2分,扣完为止			
8	安全用电,防火,无人身设备事故	5	因操作不当发生重大事故,此项按0分计			
9	分数总计	100				

六、学习拓展

传统的汽油发动机是通过电控单元采集凸轮位置以及发动机各相关工况从而控制喷油嘴将汽油喷入进气歧管。但由于喷油嘴离燃烧室有一定的距离,汽油同空气的混合情况受进气气流和气门开关的影响较大,并且微小的油滴会吸附在管道壁上,使燃烧不充分。因此喷油嘴直接将燃油喷入汽缸就应运而生。在缸内直喷燃油系统的技术中,直喷系统的喷油器与以上所述略有不同。

缸内直接喷射燃油系统的喷油器结构如图7-8所示。其安装在汽缸盖上,配合高压汽油泵,将汽油喷入汽缸中,喷油压力达 4.9～11.76MPa(50～120kgf/cm²),图 7-8 所示为 1.4TSI 发动机的喷油嘴,它采取 6 孔喷嘴模式,可以防止在节气门全开或在预热催化转化器过程中,油束覆盖整个活塞顶部,使燃油混合更充分。

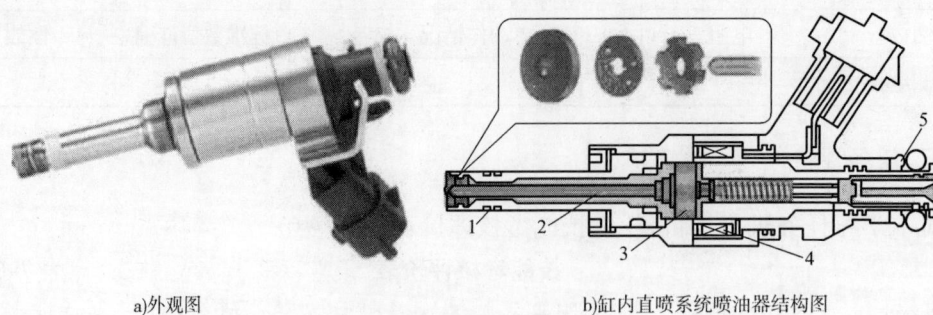

a)外观图　　　　　　　　　　b)缸内直喷系统喷油器结构图

图 7-8　缸内直接喷射系统喷油器的结构图

1-高分子密封圈;2-喷嘴针阀;3-衔铁;4-电磁线圈;5-细滤器

学习任务 3　怠速控制阀的原理与检测

情景描述

一辆皇冠 3.0 轿车,发动机起动后,怠速值偏低。车主必须一直踩加速踏板,发动机才能正常运转,如果松开加速踏板,发动机便会熄火。经维修人员的检查后发现怠速控制阀的工作异常,需要对怠速控制阀进行拆卸检查,必要时进行更换。

学习目标

知识目标

1. 知道怠速控制阀的作用、工作原理及在汽车上的安装位置;

2. 知道怠速控制阀的类型及常见故障现象;

3. 知道怠速控制阀的检测方法及判断性能好坏;

4. 能对工作任务的完成情况进行正确总结和评估,会根据其他车型的维修手册制定怠速控制阀检测的基本工作流程。

技能目标

1. 会使用怠速控制阀检测工具,知道检测怠速控制阀的材料准备;

2. 能根据实际情况,正确制定怠速控制阀检测的基本工艺流程;

3. 操作过程中能遵守安全操作规范和 7S 现场管理要求。

学习内容

1. 怠速控制阀的工作原理及类型；
2. 怠速控制阀的功用；
3. 检查怠速控制阀工作状况。

建议课时

4 课时

学习过程

一、任务要求

能根据维修手册规范对怠速控制阀进行就车或单件检测，并对怠速控制阀的性能进行判断。更换好怠速控制阀后起动车辆，汽车能正常运转。

二、资料搜集

1. 怠速控制阀的作用

怠速空气控制阀是怠速控制系统的执行器，通常安装在节气门体上，其作用是通过调节发动机怠速时的进气量来调节怠速转速。怠速进气量的控制方式有节气门直接控制式和节气门旁通空气道控制式两种。前者是直接操纵节气门来调节进气量；后者是通过控制节气门旁通空气道的开度来调节进气量。桑塔纳 2000GLi、别克世纪型轿车等用旁通类型；桑塔纳 2000GSi、捷达轿车等用节气门直动类型。

2. 怠速控制阀的类型

各汽车厂的电磁阀名称不同，但均属相同的控制功能。常见的怠速控制阀有：步进电动机式、脉冲电磁阀式、旋转滑阀式和真空阀式（已淘汰）怠速控制阀四种。其中，桑塔纳 2000GLi、奥迪 100 等轿车采用脉冲电磁阀式或旋转滑阀式怠速控制阀；切诺基和北京吉普等采用步进电动机式怠速控制阀。由于节气门直接驱动式在控制时的力必须大于节气门关闭方向的复位弹簧弹力，因此只有部分汽车采用此种体积较大的执行器，大部分都是采用旁通空气式怠速空气控制阀，在此不再介绍。

3. 旋转滑阀式怠速控制阀 ISCV 的结构组成及工作原理

1）旋转滑阀式怠速控制阀 ISCV 的结构组成

旋转滑阀式怠速控制阀主要由旋转滑阀和电动机两部分组成。旋转滑阀固定在电动机轴上，随电动机轴转动使旁通空气道开启面积的改变来控制旁通空气道的进气量。滑阀的转角范围在 90° 以内，采用控制占空比的方法来控制电动机顺转或逆转。

图 7-9 所示是奥迪 100/200 轿车采用的旋转滑阀式怠速控制阀结构图。其电动机磁极为永久磁铁。两块磁极用 U 形钢弹性在电动机壳体内壁上。电枢由电枢铁芯、两

组线圈、换向器和电动机轴组成。换向器由三块铜片围合而成,分别与三个电刷接触,电刷引线连接到控制阀的插座上,再通过线束与 ECU 连接。

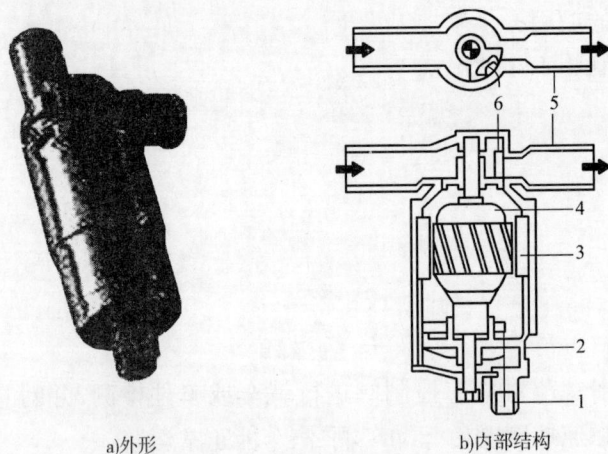

a)外形　　　　　　b)内部结构

图 7-9　奥迪 100/200 轿车旋转滑阀式怠速控制阀结构

1-插座;2-壳体;3-永磁磁极;4-电枢;5-旁通气道;6-滑阀

2)旋转滑阀式怠速控制阀的工作原理

如图 7-10 所示,线圈 L_1 与 ECU 内部的晶体管 T_1 连接,脉冲控制信号经过反向器加到 T_1 的基极;线圈 L_2 与 ECU 内部的晶体管 T_2 连接,脉冲控制信号直接加到 T_2 的基极。

当脉冲信号的高电平到来时,晶体管 T_1 截止、T_2 导通,线圈 L_2 通电,电动机带动滑阀做顺时针方向旋转,此时旁通空气道增大。相反,当脉冲信号的低电平到来时,晶体管 T_1 导通、T_2 截止,线圈 L_1 通电,电动机带动滑阀做逆时针方向旋转,此时旁通空气道减小。所以,滑阀的旋转方向取决于线圈 L_1 和 L_2 通电电流的大小,即取决于 ECU 发出的怠速控制脉冲占空比的大小。

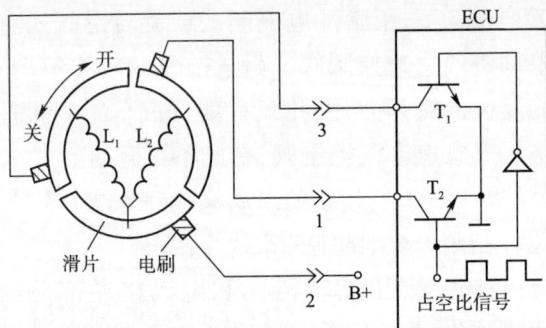

图 7-10　旋转滑阀式怠速控制阀工作电路

当占空比等于 50% 时,线圈 L_1 与 L_2 的平均通电时间相等,产生的电磁力矩相互抵消,滑阀保持在某一位置不动。

当占空比小于 50% 时,线圈 L_1 比 L_2 平均通电时间长。此时滑阀做逆时针方向转动,旁通空气道变小,进气量减少,怠速转速降低。

当占空比大于 50% 时,线圈 L_1 比 L_2 平均通电时间短。此时滑阀做顺时针方向转动,旁通空气道增大,进气量增加,怠速转速升高。

桑塔纳系列的轿车采用的旋转滑阀式怠速控制阀与以上的旋转滑阀式怠速控制阀在结构上大同小异,如图 7-11 所示,其工作原理在此不再一一赘述。

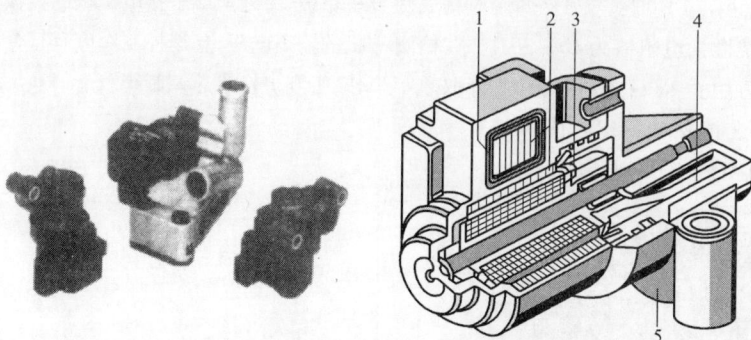

图 7-11　桑塔纳轿车旋转滑阀式怠速控制阀

1-线圈;2-铁轭;3-永久磁铁;4-旋转滑阀;5-调节窗口

4. 怠速控制阀常见故障

怠速控制阀常见故障有以下几种:

(1)发动机起动正常,但冷车时怠速不稳。

(2)发动机冷车运转时怠速正常,热车后怠速不稳,怠速转速过低或熄火。

(3)冷车时发动机以较快的怠速转速运转,而热车后又能恢复正常的怠速转速的功能。但发动机在热车后仍保持较快的怠速,即为怠速转速过高故障。

总的来说是怠速不稳、怠速过低和怠速过高等故障。

三、任务准备

所需的工量具及材料:

(1)设备:丰田 5A 台架或单件旋转滑阀式怠速控制阀。

(2)工量具:数字式万用表、导线、蓄电池或电源机。

(3)材料:清洁用纱布。

四、任务实施

经维修人员诊断,确定车辆的故障原因是怠速控制阀故障。因此将怠速控制阀从台架上拆下来,本次操作任务是对单件怠速控制阀进行检测,对其性能进行判断,并填写检测记录表。

1. 旋转滑阀式怠速控制阀的单件检测与性能判断

旋转滑阀式怠速控制阀检测步骤见表 7-7。

旋转滑阀式怠速控制阀检测步骤

表 7-7

（1）检查工具、材料与设备：旋转滑阀式怠速控制阀、电源机、数字式万用表、若干导线及清洁用纱布	（2）校对数字式万用表
（3）旋转电磁式怠速控制阀的电阻检测。 　　旋转电磁式怠速控制阀有两组线圈，三个端子，中间端子是 +B，+B 端子与另外两端子构成两组线圈。各组线圈的电阻值为 $10\sim30\Omega$。在检测时使用数字式万用表 200Ω 挡进行检测，读取数字式万用表上的数值，如线圈电阻值不在上述范围内，应更换怠速控制阀 	（4）旋转滑阀式怠速控制阀的动作检查。 　　给旋转电磁式怠速控制阀的 +B 端子接电源机正极，另外两端子接电源机的负极。调整两电源机的输出电压，怠速控制阀应有符合以下的情况动作，否则更换怠速控制阀
①给旋转滑阀式怠速控制阀的两组线圈同时通一样的低于 12V 的电压时滑阀开度 	②根据占空比调整 L_1 和 L_2 的电压，当 L_1 电压比 L_2 电压高时，此时滑阀慢慢关闭
③根据占空比调整 L_1 和 L_2 的电压，当 L_1 电压比 L_2 电压低时，此时滑阀慢慢打开 	

2. 填写旋转滑阀式怠速控制阀的检测记录表

　　旋转滑阀式怠速控制阀的检测记录表见表 7-8。

旋转滑阀式怠速控制阀的检测记录表　　　　表7-8

学号		姓名		指导教师	
检测内容	电阻	动作情况		标准数值范围	性能
检测结果					

五、任务评价

对本学习任务进行评价,学生技能考核评价表见表7-9。

技能考核评价表　　　　表7-9

班级：　　　　　　　　组别：　　　　　　　　姓名：

序号	考核内容	配分	评分标准	考核记录	扣分	得分
1	检查工具和设备	5	不检查工具和设备扣5分			
2	正确使用工具和仪器	10	工具和仪器使用不当扣10分			
3	拆卸怠速控制阀	20	拆卸方法不正确扣10分			
			拆卸顺序不正确扣10分			
4	检测怠速控制阀	20	检查方法不正确扣10分			
			检测结果不正确扣10分			
5	判断怠速控制阀的性能	20	判断方法不正确扣20分			
6	安装怠速控制阀	10	安装方法不正确扣10分			
7	遵守安全规程,正确使用工量具,操作现场整洁	10	每项扣2分,扣完为止			
8	安全用电,防火,无人身设备事故	5	因操作不当发生重大事故,此项按0分计			
9	分数总计	100				

六、学习拓展

以上学习的是四线圈式步进电动机怠速控制阀的原理与检测,下面介绍二线圈式步进电动机怠速控制阀的检测以及其他类型的怠速控制阀的原理与检测。

(一)二线圈式步进电动机怠速控制阀的检测(以奥迪 V6 轿车为例)

(1)按图 7-12 所示,从进气管拆下怠速控制阀,接上插接器。打开点火开关,阀杆应向内运动;关闭点火开关,阀杆应向外运动。

(2)如果关闭点火开关,阀杆应向内运动,则应重新调整和安装怠速控制阀。

（3）如果关闭点火开关，阀杆应不运动，则应拔下控制阀的插接器，并用万用表检测图 7-13 所示的端子 1—4 和 2—3 之间的电阻值，其值在（25 ± 5）℃的室温下为 45Ω，在热机时应将近 60Ω。如电阻不符合要求，则应更换怠速控制阀并用解码仪进行调整。

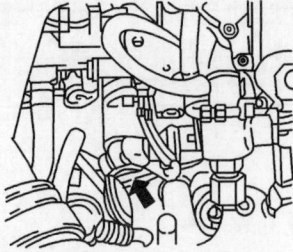

图 7-12　怠速控制阀的就车检查

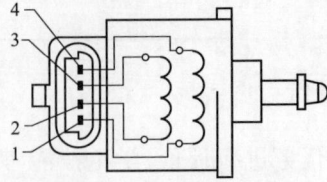

图 7-13　怠速控制阀内容结构

（4）如电阻符合要求，则检查控制阀与 ECU 间的线路有无短路或断路。

（二）步进电动机式怠速控制阀的结构原理（以皇冠 3.0 轿车为例）

皇冠 3.0 轿车采用步进电动机式的怠速控制阀。步进电动机式怠速控制阀有四组线圈（六接线点）和二组线圈（四接线点）之分，如图 7-14 所示。步进电动机是一种由脉冲信号控制其转动方向和转动角度的电动机。利用同性相斥、异性相吸的原理来使转子步进旋转。

a)六接线点　　　b)四接线点

图 7-14　步进电动机的类型和外观

1. 步进电动机式怠速控制阀（ISCV）的结构组成

步进电动机式怠速控制阀由步进电动机、螺旋机构、阀芯、阀座等组成，如图 7-15 所示。步进电动机的功用是产生驱动力矩，由永磁转子、定子绕组等组成。螺旋机构的作用是将步进电动机的旋转运动变换为往复运动，由螺杆和螺母组成。同时螺母与步进电动机的转子制成一体，螺杆一端制有螺纹，另一端固定阀芯，螺杆与阀体之间为滑动花键连接，这样一来，螺杆只能沿轴向作直线运动，而不作旋转运动。

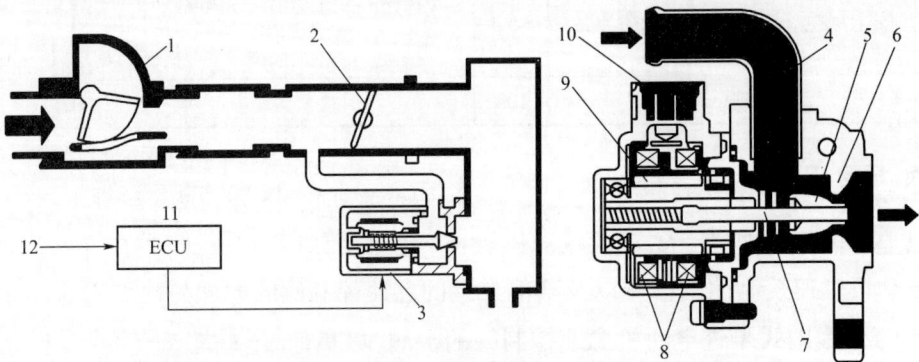

图 7-15　步进电动机式怠速控制阀的结构

1-空气流量传感器;2-节气门;3-怠速控制阀;4-旁通气道;5-阀芯;6-阀座;7 螺杆;8-定子绕组;9-永磁转子;10-线束插座;11-ECU;12-传感器信号

2. 步进电动机式怠速控制阀(ISCV)的工作原理

当步进电动机的转子转动时,螺母将带动螺杆作轴向移动。转子转动一周,螺杆就移动一个螺距。因为阀芯与螺杆固定连接,所以螺杆将带动阀芯移动而开大或关小旁通气道阀门的开度。ECU通过控制步进电动机的转动方向和转动角度来控制螺杆的移动方向和移动距离,从而达到控制怠速阀开度、调整怠速转速的目的。

3. 步进电动机的基本结构组成和步进原理

步进电动机的转子是一个具有N极和S极的永久磁铁,定子有两相独立的绕组(绕组数因车型而定)。

当从B1到B向绕组输入一个电脉冲信号时,绕组产生一个磁场,磁力转子S极在右而N极在左。如图7-16a)所示。

当从B1到B向绕组输入的脉冲信号消失后,再给从A到A1绕组输入另一个脉冲信号时,此时绕组产生一个磁场,N极在上、S极在下,如图7-16b)①所示。在同性相斥、异性相吸的原理作用下,转子会沿逆时针方向转动90°,如图7-16b)②所示。

当从A到A1绕组输入的脉冲信号消失后,再从B到B1向绕组输入另一个脉冲信号,此时绕组产生磁场,N极在左、S极在右,如图7-16b)②所示。同理,转子逆时针方向转动90°,如图7-16b)③所示。

当从B到B1向绕组输入的脉冲信号消失后,再从A1到A绕组输入脉冲信号,此时产生的磁场如图7-16③所示。同理,转子逆转90°,如图7-16④所示。

以上是步进电动机的步进原理,由此,我们可以知道,当ECU依次按B1→B、A→A1、B→B1、A1→A的顺序向绕组输入脉冲信号时,电动机逆时针方向转动一圈。如果依次按B1→B、A1→A、B→B1、A→A1的顺序向绕组输入脉冲信号,则电动机顺时针转动一圈。

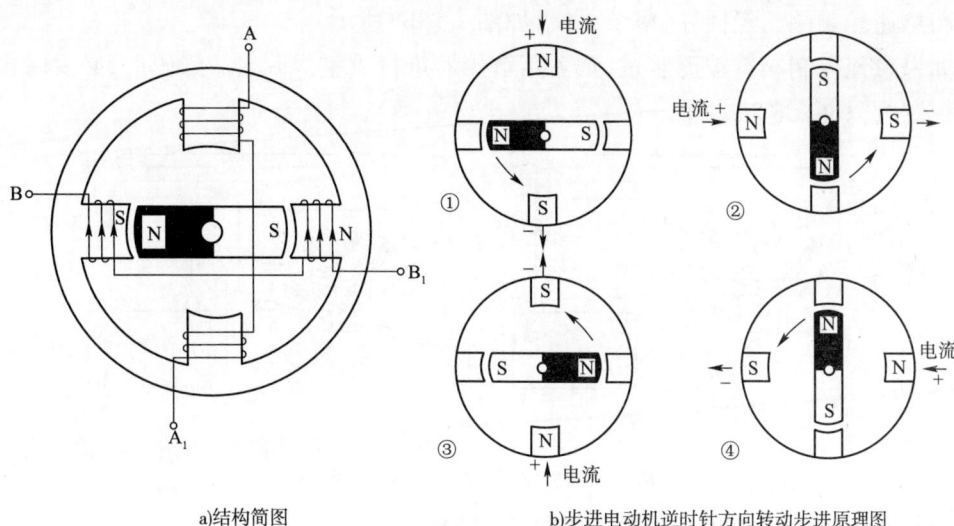

a)结构简图　　　　　　　　b)步进电动机逆时针方向转动步进原理图

图7-16　步进电动机结构原理图

每输入一个脉冲信号,电动机就转动一个角度,这个角度称为步进电动机的步进角。常用的角度有 30°、15°、11.25°、7.5°、2.5°、1.8°等。

步进电动机定子爪极越多,步进角越小,转角的控制精度就越高,所需定子绕组的数量和控制脉冲的组数就越多。步进电动机的转速取决于控制脉冲的频率,频率越高,转速越快。步进电动机设转子 8 对磁极,定子 32 个爪极,转子转动一圈前进 32 步,其工作范围为 0～125 步,约 4 圈。

4. 步进电动机式怠速控制阀的检测

1) 怠速控制阀线圈电阻的检测

拆下怠速控制阀插接器,用万用表 200Ω 挡测量怠速控制阀线圈的电阻值,如图7-17所示。各线圈的电阻值应为 10～30Ω。如线圈电阻值不符合标准,则应更换怠速控制阀。

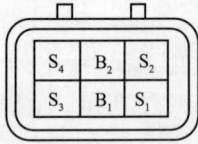

端子	B1—S1	B1—S3	B2—S2	B2—S4
电阻(Ω)	10～30	10～30	10～30	10～30

图 7-17　怠速控制阀插接器和电阻检测

2) 步进电动机的工作情况检查

(1)将点火开关置于"ON"的位置,然后检查怠速控制阀插接器端子 B1 和 B2 与搭铁之间的电压,应为蓄电池的电压,否则应检查 EFI 主继电器。

(2)测量 ECU 的端子 S1、S2、S3、S4 与搭铁间电压值应为 9～14V,否则,怠速控制阀有故障。

(3)从汽车上拆下怠速控制阀,将蓄电池的正极接 B1 和 B2,负极依次接 S1→S2→S3→S4,阀芯应向外伸出,如图 7-18a)所示。

(4)将蓄电池的正极接 B1 和 B2,负极依次接 S4→S3→S2→S1,阀芯应向内缩入,否则说明怠速控制阀已经损坏,应予更换,如图 7-18b)所示。

如果怠速控制阀曾被拆装过,则需用解码器进行调整。调出故障码后,必要时排除。怠速控制阀只能在机上调整。

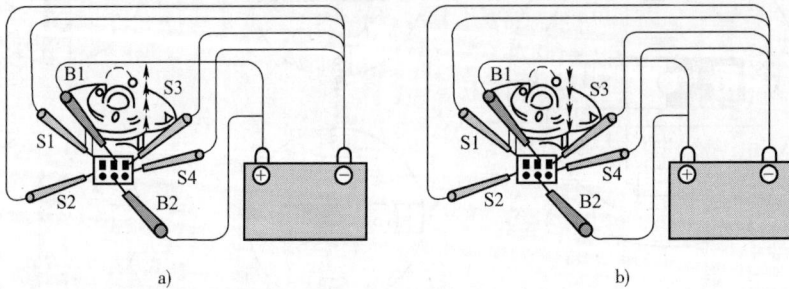

图 7-18　步进电动机式怠速控制阀工作情况检查

(三)脉冲电磁阀式怠速控制阀的结构原理

1. 脉冲电磁阀式怠速控制阀的结构组成

脉冲电磁阀式怠速控制阀结构简单、成本低廉、工作可靠。因此,越来越多的车型采用它。例如,国产奥迪就采用这种类型的怠速控制阀。

如图 7-19 所示,脉冲电磁阀式怠速控制阀主要由电磁线圈、复位弹簧、阀芯、阀座、固定铁芯、活动铁芯、进气口和出气口等组成。

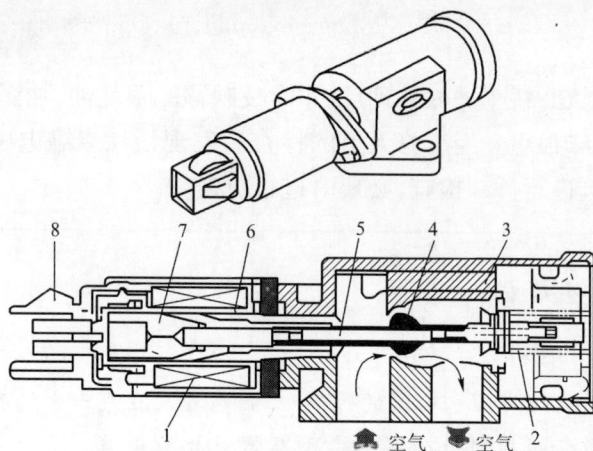

图 7-19　脉冲电磁阀式怠速控制阀的结构

1-线图;2-复位弹簧;3-阀座;4-阀芯;5-阀杆;6-固定铁芯;7-活动铁芯;8-线束插座

阀芯与阀杆固定在一起,阀杆一端与固定铁芯连接,另一端有复位弹簧。进气口与节气门前端的进气管相通,出气口与节气门后端的进气管相通。

2. 脉冲电磁阀式怠速控制阀的工作原理

脉冲电磁阀式怠速控制阀的工作原理与电磁式喷油器的工作原理相似。当怠速控制阀的线圈通电时,产生电磁吸力。电磁吸力克服复位弹簧的弹力,使活动铁芯在电磁吸力的作用下向固定铁芯移动,与固定铁芯连接的阀杆带动阀芯向右移动,使阀芯离开阀座,旁通空气道打开。当电磁线圈断电时,活动铁芯、阀杆及阀芯在复位弹簧的作用下向左移动,关闭旁通空气道。

旁通空气道的开启与关闭时间由 ECU 发出的占空比信号控制。发动机起动后,ECU 根据怠速转速的高低,向脉冲电磁阀发出频率相同但占空比不同的脉冲信号,改变了阀芯开启与关闭旁通空气道的时间,进而调节了旁通进气量。

脉冲电磁阀式怠速控制阀的占空比在 0 ~ 100% 之间变化。怠速转速过低时,ECU 自动增大占空比,电磁线圈通电时间增长,因而阀门开启时间增长,进气量增加,怠速转速就升高了,发动机不会因怠速过低而导致熄火。相反,怠速转速过高时,ECU 减小占空比,电磁线圈通电时间缩短,断电时间增长,阀门开启时间变短,进气量减少,怠速转速降低。

3. 脉冲电磁阀式怠速控制阀的检测

1)检查怠速控制阀的阻值

拔下控制阀的线速插头,用万用表 200Ω 挡检测控制阀的阻值。脉冲电磁阀式怠速控制阀的线圈只有一组,阻值为 10 ~ 15Ω。阻值如不符合标准,则更换控制阀。

2)怠速控制阀的动作检测

接上控制阀的线速插头,打开点火开关,则阀门开;关闭点火开关,则阀门关。

学习任务4 活性炭罐电磁阀(ACF)的原理与检测

情景描述

一辆现代锐动1.6L轿车进入修理厂,车主反映该车很耗油,加满一箱油没以前跑得远,而且车内的汽油味很重。经维修人员的检查后发现活性炭罐电磁阀的工作异常,需要对活性炭罐电磁阀进行拆卸检查,必要时进行更换。

学习目标

知识目标

1. 知道活性炭罐电磁阀的作用、工作原理及在汽车上的安装位置;

2. 知道活性炭罐电磁阀的类型及常见故障现象;

3. 懂得活性炭罐电磁阀的检测方法及判断性能好坏;

4. 能对工作任务的完成情况进行正确总结和评估,会根据其他车型的维修手册制定活性炭罐电磁阀检测的基本工作流程。

技能目标

1. 会使用活性炭罐电磁阀检测工具,知道检测活性炭罐电磁阀的材料准备;

2. 能根据实际情况,正确制定活性炭罐电磁阀检测的基本工艺流程;

3. 操作过程中能遵守安全操作规范和7S现场管理要求。

学习内容

1. 活性炭罐电磁阀的工作原理及类型;

2. 活性炭罐电磁阀的功用;

3. 检查活性炭罐电磁阀工作状况。

建议课时

4课时

学习过程

一、任务要求

根据维修手册规范对活性炭罐电磁阀进行就车或单件检测,并对活性炭罐电磁阀的性能进行判断。更换好活性炭罐电磁阀后起动车辆,汽车能正常运转。

二、资料搜集

1. 活性炭罐电磁阀的作用

活性炭罐电磁阀(图 7-20)是汽车燃油蒸发排放控制系统(图 7-21)中的一个重要部件。其作用是根据电控单元的控制指令信号,使油箱里的蒸发气体回收到炭罐里,在发动机工作正常时电磁阀打开,吸到进气管与新鲜的混合气一起燃烧,降低环境污染。

图 7-20　桑塔纳 2000GSi 活性炭罐电磁阀

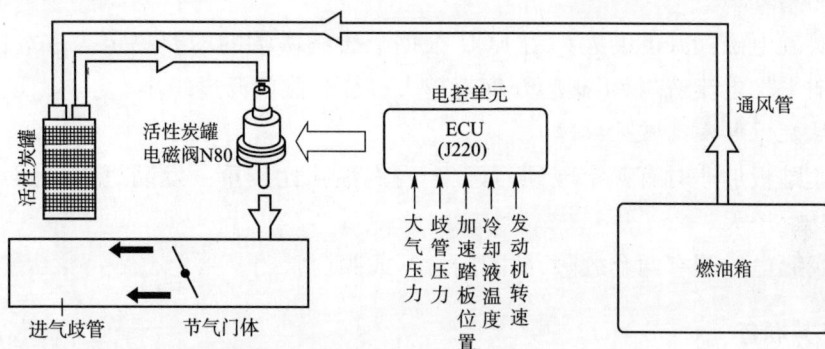

图 7-21　桑塔纳 2000GSi 燃油蒸发排放控制系统

活性炭罐电磁阀又称再生电磁阀或油箱通风阀,安装在活性炭罐与节气门体之间,结构原理与普通电磁阀基本相同。如图 7-22 所示。

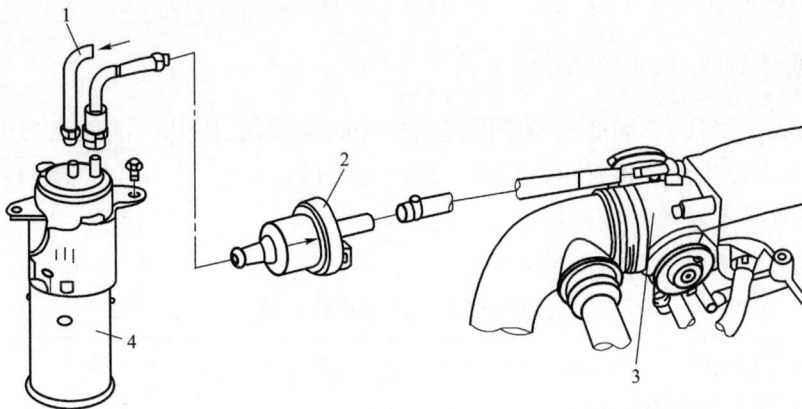

图 7-22　活性炭罐与电磁阀、通风管的连接

1-油箱通风管;2-活性炭罐电磁阀;3-节气门体;4-活性炭罐

2. 活性炭罐电磁阀的结构原理

活性炭罐电磁阀由电磁衔铁、电磁线圈、膜片弹簧、止回阀、密封座等组成。

当燃油受热或大气压力降低时,燃油箱中形成燃油蒸气,经过燃油管将燃油蒸气存

— 103 —

储在活性炭罐中。当发动机停机或怠速运转时,微机使电磁阀关闭,燃油蒸气被回收罐中的活性炭吸收。当发动机以中、高速运转时,电磁阀开启,储存在回收罐中的燃油蒸气经真空软管被吸入发动机,使之得到充分利用。而活性炭也不会因用太久而失效。

3. 活性炭罐电磁阀工作原理

来自油箱的通风管将燃油引入活性炭罐,使燃油蒸气被活性炭吸附,直至燃油蒸气饱和为止。

当发动机工作时,ECU 根据发动机转速和压力等信号,向活性炭罐电磁阀发出占空比控制指令,电磁阀线圈通电,阀门打开,吸附在活性炭上的燃油蒸气便经电磁阀流入进气管,并与新鲜空气混合形成再生气流,再被吸入燃烧室燃烧,从而避免燃油蒸气排入大气而污染环境。

活性炭罐电磁阀开度的大小由 ECU 根据电磁阀两端的压差决定。占空比越大,电磁阀流过的平均电流就越大,阀门开度就越大;反之,阀门开度越小。

4. 活性炭罐电磁阀常见故障

踩加速踏板加速时有顿车现象,而且车内汽油味比较重。发动机起动困难,或者勉强起动又马上熄灭。

活性炭罐电磁阀有两个故障,即阀门常开或阀门常闭。

三、任务准备

所需的工量具及材料:

(1)设备:卡罗拉轿车一辆或单件活性炭罐电磁阀。

(2)工量具:数字式万用表、导线、蓄电池或电源机。

(3)材料:抹布。

四、任务实施(以现代锐动轿车为例)

经维修人员确认,车辆的故障原因是活性炭罐电磁阀,因此将活性炭罐电磁阀从车上拆下来,本次操作任务是对单件活性炭罐电磁阀进行检测,并对其性能进行判断。

1. 活性炭罐电磁阀的单件检测与性能判断

活性炭罐电磁阀检测步骤见表7-10。

活性炭罐电磁阀检测步骤 表 7-10

(1)检查工具、材料与设备:喷油器、电源机、数字式万用表、若干导线及清洁用抹布	(2)校对数字式万用表
(3)活性炭罐电磁线圈电阻的检测。 用万用表电阻挡测量喷油器上两个接线端子间的电阻值。其电阻值应符合标准,如不符合,应更换喷油器	(4)活性炭罐电磁阀的工作情况的检测

续上表

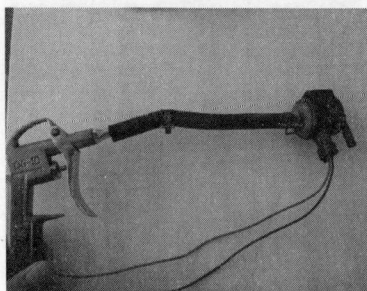

（5）活性炭罐电磁阀两端子没连接电源机12V电压时，向活性炭罐电磁阀内吹气，活性炭罐电磁阀应不通气；然后将蓄电池电压加到活性炭罐电磁阀插接器的两端子上（图a所示），并同时向活性炭罐电磁阀内吹气，此时活性炭罐电磁圈子应通气（图b）所示）。如活性炭罐电磁阀的状态与上述情况不符，则活性炭罐电磁阀有故障，应更换

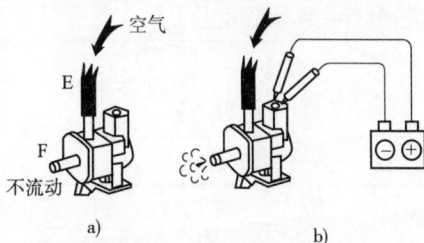

卡罗拉1.6L轿车在20℃时，测量活性炭罐电磁阀1号和2号端子电阻值应为23～26Ω。

2. 填写活性炭罐电磁阀的检测记录表

活性炭罐电磁阀的检测记录表见表7-11。

活性炭罐电磁阀的检测记录表　　　　　　表7-11

学号		姓名		指导教师	
检测内容	电阻	标准数值范围		动作情况	性能
检测结果					

五、任务评价

对本学习任务进行评价，学生技能考核评价表见表7-12。

技能考核评价表　　　　　　表7-12

班级：　　　　　　组别：　　　　　　姓名：

序号	考核内容	配分	评分标准	考核记录	扣分	得分
1	检查工具和设备	5	不检查工具和扣5分			
2	正确使用工具和仪器	10	工具和仪器使用不当扣10分			
3	拆卸活性炭罐电磁阀	20	拆卸方法不正确扣10分			
			拆卸顺序不正确扣10分			

序号	考核内容	配分	评分标准	考核记录	扣分	得分
4	检测活性炭罐电磁阀	20	检查方法不正确扣10分			
			检测结果不正确扣10分			
5	判断活性炭罐电磁阀的性能	20	判断方法不正确扣20分			
6	安装活性炭罐电磁阀	10	安装方法不正确扣10分			
7	遵守安全规程,正确使用工量具,操作现场整洁	10	每项扣2分,扣完为止			
8	安全用电,防火,无人身设备事故	5	因操作不当发生重大事故,此项按0分计			
9	分数总计	100				

学习任务5　油泵继电器的原理与检测

情景描述

一辆丰田卡罗拉1.6L轿车,进入修理厂,车主反映该车很难起动,勉强起动后又自动熄火,再起动时不能起动。但经过1h后,再起动时,又能起动了。如果匀速行驶,一点故障现象都没有。经维修人员检查后发现油泵继电器的工作异常,需要对油泵继电器进行拆卸检查,必要时进行更换。

学习目标

知识目标

1. 知道油泵继电器的作用、工作原理及在汽车上的安装位置;

2. 知道油泵继电器的类型及常见故障现象;

3. 知道油泵继电器的检测方法及判断性能好坏;

4. 能对工作任务的完成情况进行正确总结和评估,会根据其他车型的维修手册制定油泵继电器检测的基本工作流程。

技能目标

1. 会使用油泵继电器检测工具,知道检测油泵继电器的材料准备;

2. 能根据实际情况,正确制定油泵继电器检测的基本工艺流程;

3. 操作过程中能遵守安全操作规范和7S现场管理要求。

✎ **学习内容**

1.油泵继电器的工作原理及类型；

2.油泵继电器的功用；

3.检查油泵继电器工作状况。

📖 **建议课时**

4 课时

🧑‍🏫 **学习过程**

一、学习任务

能根据维修手册规范对油泵继电器进行就车或单件检测，并对油泵继电器的性能进行判断。更换好油泵继电器后起动车辆，汽车能正常运转。

二、资料搜集

1.油泵继电器的结构组成

油泵继电器用于控制电动汽油泵的电源电路（仅在发动机运转时接通电路）。图7-23所示为油泵继电器的结构。

2.油泵继电器的分类

油泵继电器一般采用五脚型的。也有的采用四脚、六脚型的。

3.油泵继电器的工作原理

如图 7-24 所示，当发动机起动时，点火开关位于起动（ST）位置，继电器线圈 L_2 通电，继电器触点闭合，燃油泵通电工作。发动机起动后，发动机转速信号（Ne）输入 ECU，ECU 内晶体管导通，继电器线圈 L_1 通电，燃油泵继续工作。因此，只要发动机运转，继电器触点总是闭合的，即燃油泵总是工作的。ECU 通过发动机的转速信号，检测发动机的运转状态。

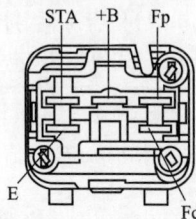

图 7-23 油泵继电器的结构

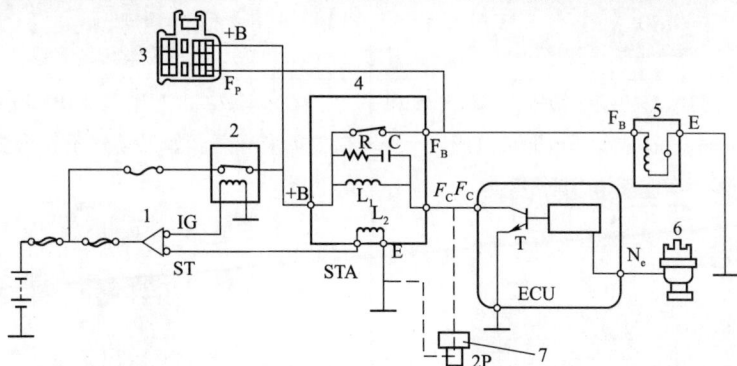

图 7-24 D 型 EFI 系统燃油泵开关控制电路

1-点火开关；2-主继电器；3-检查插头；4-电路断开继电器；5-燃油泵；6-分电器；7-燃油泵检查开关

如果发动机停止运转,晶体管截止,继电器线圈 L_1 断电,其触点断开,燃油泵停止工作。

4. 油泵继电器常见故障

发动机油泵不泵油,汽车容易自动熄火后不能起动,大约 1h 后,又可以起动。总的来说是继电器触点不闭合,或者触点常闭。

三、任务准备

所需的工量具及材料:

(1)设备:现代锐动轿车一辆或单件四脚型油泵继电器。

(2)工量具:数字式万用表、导线、蓄电池或电源机。

(3)材料:抹布。

四、任务实施

经维修人员确认,车辆的故障原因是油泵继电器,因此将油泵继电器从车上拆下来,本次操作任务是对单件油泵继电器进行检测,并对其性能进行判断。

1. 油泵继电器的单件检测与性能判断

油泵继电器的检测步骤见表7-13。

油泵继电器检测步骤 表7-13

(1)检查工具、材料与设备:油泵继电器、电源机、数字式万用表、若干导线及抹布	(2)校对数字式万用表
(3)用数字式万用表200Ω挡检查端子85与86之间应显示电阻值 	(4)用数字式万用表200Ω挡检查端子30与87之间应不导通。如果不符合上述要求,应更换继电器
(5)电动油泵继电器的动作检查,在端子85和86之间施加蓄电池电压(或稳压电源机电压) 	(6)用数字式万用表200Ω挡检查端子30与87之间应导通。如果动作不符合要求,则应更换继电器

续上表

（7）电动油泵继电器的性能检测。使用稳压电源机和数字式万用表电阻挡对油泵继电器检测，并进行性能判断。使用数字式万用表200Ω挡检测85和86端子间电阻，记录数值。用稳压电源机连接端子85和86，供12V电源电压，用数字式万用表200Ω挡检测端子30与87端子间应导通，然后将电源机的电压慢慢调小，当测量的端子30与87之间刚断开时，即万用表显示为无穷大时，这时稳压电源机显示的电压是继电器最高释放电压，记录电压数值。接着慢慢调高稳压电源机提供给端子85和86的电压，当端子30与87之间刚导通时，此时稳压电源机显示的电压是继电器的最低吸合电压，记录电压数值。根据测得数据对电动油泵继电器进行判断，如果性能不符合要求，则应更换继电器。

一般来说，继电器的最低吸合电压不能大于8.5V，最高释放电压为1.0～4.8V

2. 填写活性炭罐电磁阀的检测记录表

活性炭罐电磁阀的检测记录表见表7-14。

电磁式继电器检验记录表   表7-14

学号		姓名		指导老师		
检验内容	线圈接线端子编号	线圈直流电阻(Ω)	最低吸合电压(V)	最高释放电压(V)	触点接触电阻(Ω)	性能
检验结果						

五、任务评价

对本学习任务进行评价，学生技能考核评价表见表7-15。

技能考核评价表   表7-15

班级：　　　　　　　组别：　　　　　　　姓名：

序号	考核内容	配分	评分标准	考核记录	扣分	得分
1	检查工具和设备	5	不检查工具和设备扣5分			
2	正确使用工具和仪器	10	工具和仪器使用不当扣10分			
3	拆卸油泵继电器	20	拆卸方法不正确扣10分			
			拆卸顺序不正确扣10分			
4	检测油泵继电器	20	检查方法不正确扣10分			
			检测结果不正确扣10分			
5	判断油泵继电器的性能	20	判断方法不正确扣20分			
6	安装油泵继电器	10	安装方法不正确扣10分			
7	遵守安全规程，正确使用工量具，操作现场整洁	10	每项扣2分，扣完为止			

序号	考核内容	配分	评分标准	考核记录	扣分	得分
8	安全用电,防火,无人身设备事故	5	因操作不当发生重大事故,此项按0分计			
9	分数总计	100				

六、学习拓展

汽车上的继电器很多,除了以上所介绍的油泵继电器以外,还有其他继电器,比如起动继电器、主继电器等。现介绍其中一些继电器的结构原理与检测。

(一)EFI 主继电器

1. EFI 主继电器的结构

EFI 主继电器的作用是控制 ECU(除随机存储器 RAM 电路外)的电源电路,如图7-25所示。EFI 主继电器一般多采用滑阀型,且一般为四脚型的继电器,其结构如图7-26所示。

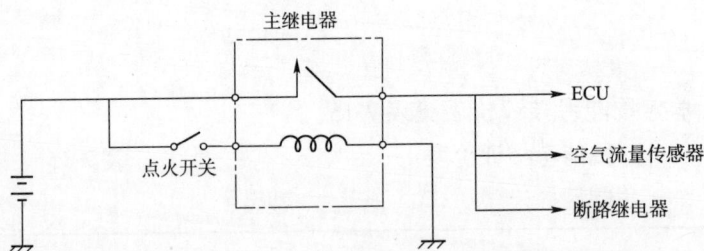

图 7-25　主继电器电路

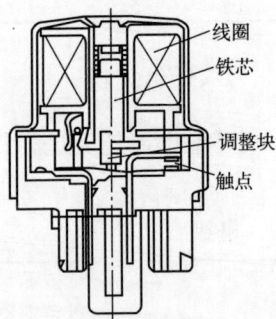

图 7-26　主继电器的结构

2. EFI 主继电器的工作原理

当接通点火开关时,电流通过主继电器线圈,滑阀被吸引,触点闭合,于是电源向 ECU(+B 或 B1)供电;当断开点火开关时,主继电器触点打开,切断 ECU 的电源电路。

3. EFI 主继电器的检测(以皇冠3.0轿车用 EFI 主继电器为例)

1)检测前准备

工具、材料的检查与准备,量具的检查与校对:

(1)EFI 主继电器一个,导线数根,数字式万用表一个,蓄电池或稳压电源机一台、工作台等。

(2)使用数字式万用表前,先将数字式万用表200Ω挡打开,将其红色和黑色表笔短接,进行数字式万用表的校对检查。

2）EFI 主继电器的电阻检测

拔下 EFI 主继电器,用数字式万用表 200Ω 挡测量时（图 7-27）,1 号与 2 号端子应导通（线圈电阻值）,2 号与 5 号端子应不导通（电阻值为∞）。

3）EFI 主继电器的动作检测

在 1 号和 2 号端子间施以 12V 电压（可蓄电池或稳压电源机）,用数字式万用表 200Ω 挡测量时（图 7-28）,3 号与 5 号端子间应是导通的（电阻值为零）。

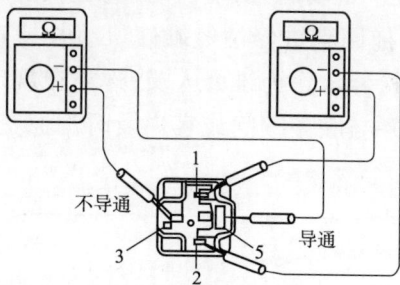

图 7-27　主继电器电阻测试　　　　　图 7-28　主继电器动作检测

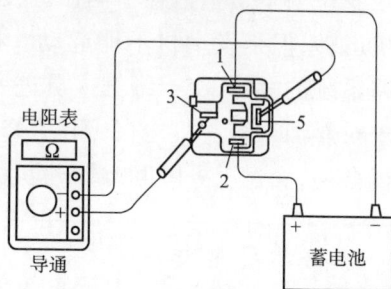

4）EFI 主继电器的性能检测

其性能检测方法与油泵继电器相同,这里不再一一赘述。

（二）五脚型电动油泵继电器的检查

1. 五脚电动油泵继电器的导通情况检测

用数字式万用表 200Ω 挡检查各端子之间的状况:端子 ST 与 E1 之间应导通。端子 B 与 Fp 之间应不导通。如果不符合上述要求,应更换继电器。

2. 五脚电动油泵继电器的动作检查

在端子 ST 和 E1 上施加蓄电池电压（或稳压电源机电压）,用数字式万用表 200Ω 挡检查端子 B 与 Fp 之间应导通。如果动作不符合要求,则应更换继电器。

3. 五脚电动油泵继电器的性能检测

使用稳压电源机和数字式万用表电阻挡对 EFI 主继电器检测,并进行性能判断。使用数字式万用表 200Ω 挡测端子 ST 和 E1 的电阻。用稳压电源机接通 ST 和 E1,供 12V 电源电压,用数字式万用表 200Ω 挡测端子 +B 与 Fp 应导通,然后再慢慢调小电源机的电压,当端子 +B 与 Fp 之间刚断开时（万用表显示无穷大）,这时稳压电源机显示的电压是继电器的最高释放电压。接着慢慢调整稳压电源机提供给 ST 和 E1 的电压,当端子 +B 与 Fp 之间刚导通时（万用表显示导通）,这时稳压电源机显示的电压是继电器的最低吸合电压;根据测得数据对五脚型电动油泵继电器进行判断,如果性能不符合要求,则应更换继电器。而对于五脚型号油泵继电器的另一组线圈的检测判断方法也是如此,这里不再描述。

学习项目8 发动机燃油喷射控制系统检修

情景描述

丰田卡罗拉轿车车主抱怨车辆在行驶过程中自动熄火,再次起动发动机,起动机能带动发动机运转,但是发动机不能起动。把车拖回到维修站经维修班组长检查判断为发动机油路系统的故障,交予维修人员进一步检修。作为维修人员,你需在规定时间内按专业要求对燃油系统进行检查、测试、修复,并与服务顾问或客户及时沟通交流,维修完毕后进行自检,交付服务顾问,试车验收。

学习目标

知识目标

1.能描述发动机燃油喷射控制系统的类型、功用、基本构造、部件功能及基本工作原理,并能就车认知燃油系统各部件的名称和安装位置;

2.能实车叙述燃油供给系统油路的走向、空气供给系统气路的走向;

3.能查阅相关资料,列举燃油系统常见故障及其原因。

技能目标

1.能在教师指导下,按工作页要求检测燃油压力,并能分析油压异常的原因及对发动机工作的影响;

2.能查阅并规范执行燃油系统各部件的拆卸、检查、更换的步骤与方法,并在规定时间内完成操作,并做好过程记录;

3.能叙述并执行发动机操作、设备运用、消防等安全操作规程;

4.能够与小组其他成员进行有效的沟通与合作,具备团队合作和安全操作意识。

学习内容

1.发动机燃油喷射控制系统的类型、功用、基本构造、部件功能及基本工作原理;

2.燃油供给系统油路的走向、空气供给系统气路的走向;

3.检测燃油压力,并能分析油压异常的原因及对发动机工作的影响;

4.燃油系统各部件的拆卸、检查、更换的步骤与方法,并在规定时间内完成操作,并做好过程记录;

5.识读电路图,列举燃油系统常见故障及其原因。

建议课时

34课时

学习任务1　燃油喷射系统结构与原理认知

学习过程

一、资料搜集

1.发动机燃油喷射供给系统的作用

电子燃油喷射供给系统又称 EFI,按照发动机的各工况的要求控制喷油量,以实现最佳的空燃比控制。

2.电子燃油喷射供给系统的分类

(1)按电子燃油的喷射部位分,可以分为缸内喷射和缸外喷射,如图8-1、图8-2 所示,优缺点对比见表8-1。

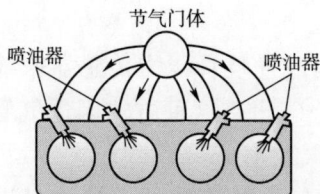

图 8-1　缸内喷射　　　　　　图 8-2　缸外喷射

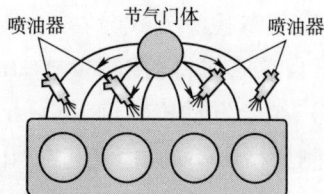

优 缺 点 对 比　　　　　　　　　　表 8-1

项目	缸 内 喷 射	缸 外 喷 射
安装部位	喷油器安装在汽缸盖上	喷油器安装在进气管或歧管上
喷油压力	3～5MPa	0.20～0.35MPa
结构布置	结构和布置比较复杂	结构简单,成本较低
应用	应用少	目前普遍采用

(2)按照喷油器的数目分:

①单点喷射:几个缸共用一个喷油器,喷油器多安装在节气门的上方,如图8-3 所示。

②多点喷射:每个汽缸进气门前方的进气管上均安装一个喷油器,如图8-4 所示。

(3)按照喷射时序分:

①同时喷射:将各汽缸的喷油器并联,所有喷油器由电控单元的同一个指令控制,同时喷油,同时断油,如图8-5 所示。

②分组喷射:将各汽缸的喷油器分成几组,同一组喷油器同时喷油或断油,如图8-6 所示。

③顺序喷射:喷油器由电控单元分别控制,按发动机各汽缸的工作顺序喷油,如图8-7 所示。

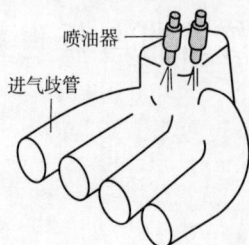

图 8-3　单点喷射　　　　　图 8-4　多点喷射

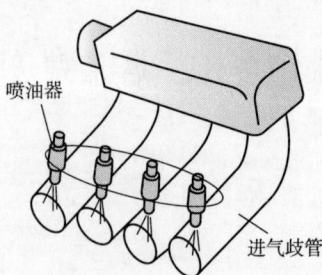

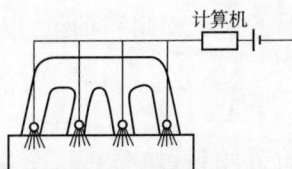

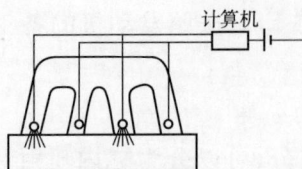

图 8-5　同时喷射　　　　图 8-6　分组喷射　　　　图 8-7　独立喷射

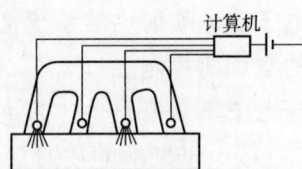

（4）按照空气量检测方式分：

①进气压力感应式（间接测量式 D 型）：采用进气歧管压力传感器来检测进气歧管负压（真空度），结合发动机转速，推算出吸入的空气量。这种方式因进气管内空气压力波动，进气量测量精度不高，但是进气阻力小，充气效率高。

②空气流量感应式（直接测量式 L 型）：由空气流量传感器直接测量进入进气歧管的空气量，检测精度高于 D 型。又可以分两种：

a. 空气体积流量式：叶片式、卡门旋涡式空气流量传感器主要测量空气的体积量，如图 8-8 所示。

b. 空气质量流量式：热模式、热线式空气流量传感器主要测量空气的质量，进气阻力小，精度高，如图 8-9 所示。

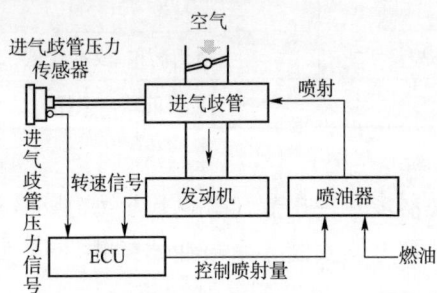

图 8-8　空气体积流量式　　　　　图 8-9　空气质量流量式

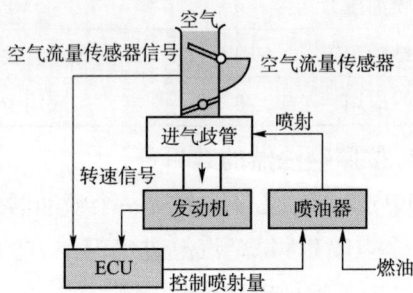

（5）按照有无反馈信号分：按有无反馈信号分可以分为无信号反馈和有信号反馈，如图 8-10、图 8-11 所示。

3.汽油发动机电子控制燃油喷射供给系统的组成

电子控制燃油喷射系统由空气供给系统、燃油供给系统和电子控制系统组成，如图8-12 所示。

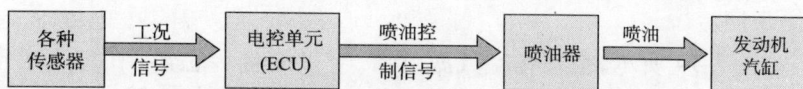

图 8-10　无反馈信号

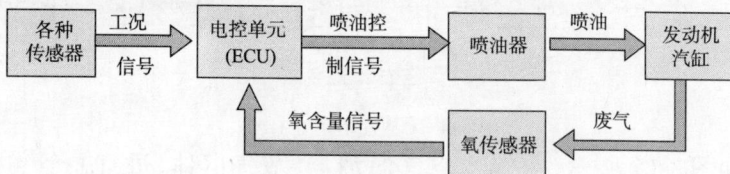

图 8-11　有反馈信号

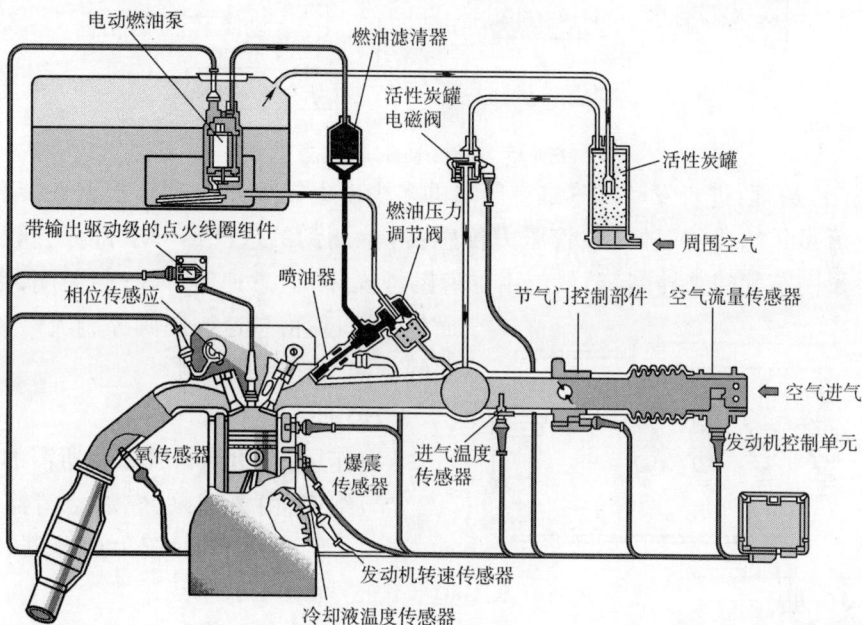

图 8-12　电控燃油喷射系统

1)空气供给系统

(1)作用:为发动机可燃混合气的形成提供必需的空气,并检测进入汽缸的空气量,如图 8-13 所示。

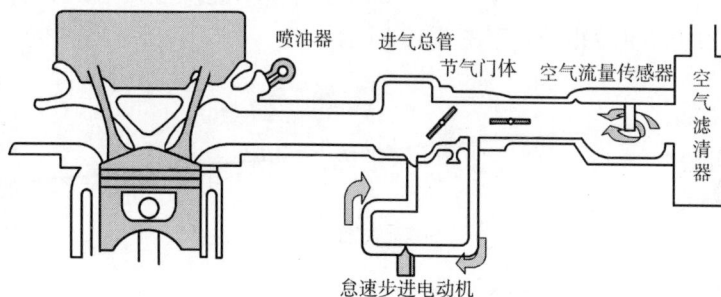

图 8-13　空气供给系统

（2）气路走向。

①L型：如图8-14所示，空气经空气滤清器、空气流量传感器、节气门体、进气总管、进气歧管进入汽缸。

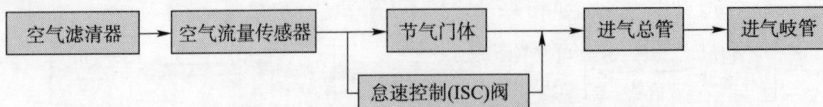

图8-14　L型发动机气路走向

②D型：如图8-15所示，空气经空气滤清器、节气门体、进气总管、进气歧管进入汽缸。

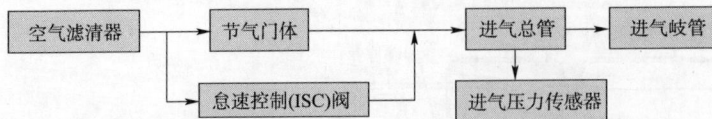

图8-15　D型发动机气路走向

（3）工作原理：进入发动机汽缸空气量的多少由电控单元（ECU）根据安装在进气道上的空气流量传感器（或进气歧管压力传感器）检测到的进气信号求得。一般行驶时，空气的流量由节气门来控制（节气门由加速踏板操作）。怠速时，节气门关闭，空气由旁通气道通过，由怠速控制阀控制流经通气道的空气量来实现怠速控制。

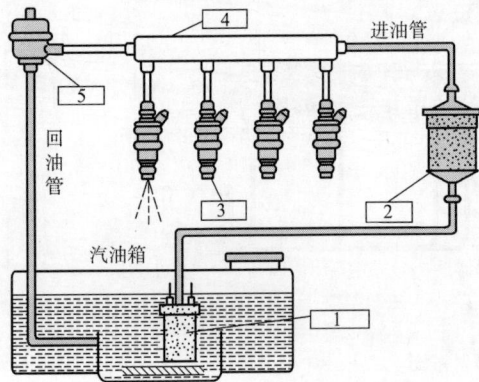

2）燃油供给系统

（1）作用：供给混合气燃烧所需的燃油量。

（2）组成：由燃油泵、燃油滤清器、燃油脉动减振器、喷油器、燃油压力调节器和输油管道等组成，如图8-16所示。

①电动燃油泵：作用是连续不断地向燃油喷射系统供给燃油。其结构原理参见执行器。

②汽油滤清器。

a.功用：滤除燃油中的杂质和水分，防止燃油系统堵塞，减小机械磨损，以保证发动机正常工作有足够压力的燃油，如图8-17、图8-18所示。

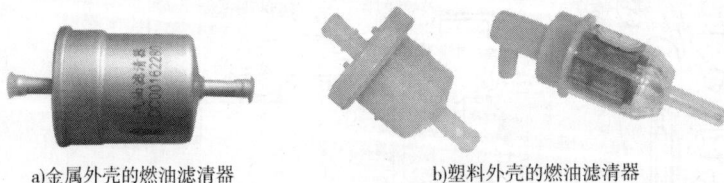

图8-16　燃油供给系统组成

1-燃油泵；2-燃油滤清器；3-喷油器；4-输油管；5-喷油压力调节器

a)金属外壳的燃油滤清器　　b)塑料外壳的燃油滤清器

图8-17　汽油滤清器的类型

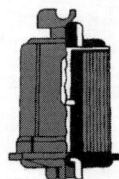

图8-18　汽油滤清器结构

b.工作原理：纸质滤芯可滤去直径大于0.01mm的杂质。燃油滤清器是一次性使用的,一般每行驶 40000km 更换一次。燃油滤清器外壳上的箭头(或字母 IN)表示燃油的流进方向,安装时,不允许倒装。

③燃油压力脉动减振器。

作用:减少燃油管路中压力的波动,降低噪声。由壳体、膜片、弹簧、调节螺钉等组成,安装在输油管的一端,如图 8-19 所示。

④燃油压力调节器(图 8-20)。

a. 组成:主要由阀片、膜片、膜片弹簧和外壳组成,如图 8-21 所示。

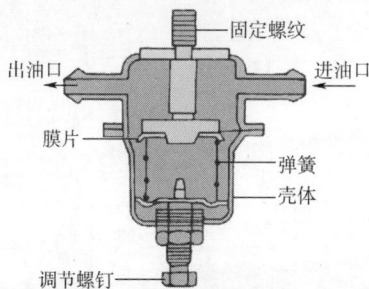
图 8-19　燃油压力脉动减振器

图 8-20　燃油压力调节器

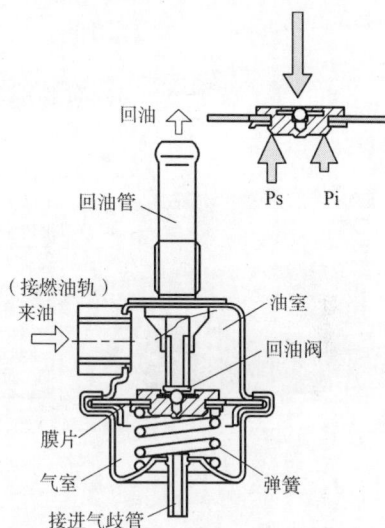
图 8-21　燃油压力调节器结构

b. 作用:保持喷油总管(燃油分配管)油压与进气歧管之间的压力之差保持恒定(250~300kPa)。这样喷油量便唯一取决于喷油器的开启时间。

$$喷油总管压力 = 进气歧管压力 + 300kPa$$

⑤喷油器:根据各缸工况,将一定压力的汽油以雾状喷入进气管。结构原理参见执行器。

(3)油路走向:电动燃油泵将汽油自油箱内吸出,经滤清器过滤后,由压力调节器调压,通过油管输送给喷油器,喷油器根据电控单元指令向进气管喷油。燃油泵供给的多余汽油经回油管流回油箱,如图 8-22 所示。

3)电子控制装置

(1)作用:由传感器采集发动机的工况信号,根据各种传感器的信号,由 ECU(图8-23)进行综合分析和处理,确定最佳喷油量、最佳喷油时刻,使发动机获得最佳空燃比。

(2)组成:传感器、电控单元(ECU)、执行器三部分组成。

燃油喷射控制系统工作原理:如图 8-24 所示,ECU 根据空气流量信号和发动机转速信号确定基本的喷油时间(喷油量),再根据其他传感器(如冷却液温度传感器、节气门位置传感器等)对喷油时间进行修正,并按最后确定的总喷油时间向喷油器发出指令,使喷油器喷油(通电)或断油(断电)。

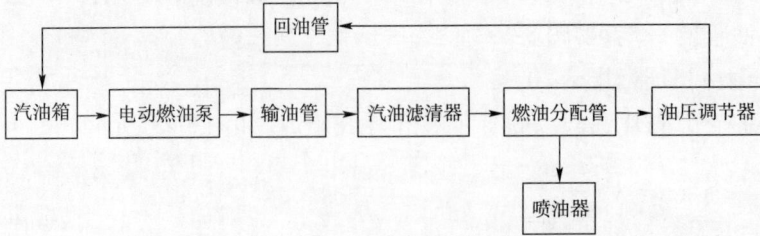

图 8-22 燃油系统油路走向

图 8-23 ECU

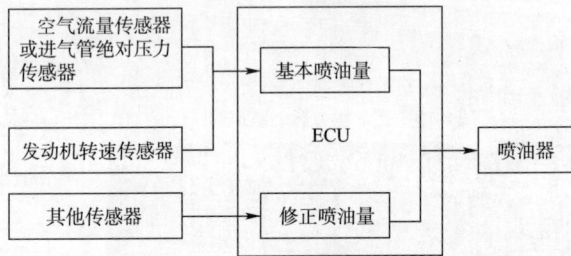

图 8-24 燃油喷射控制系统工作原理

二、任务准备

1. 所需的工量具及材料

(1)设备:丰田卡罗拉 1ZR 发动机台架和丰田卡罗拉轿车。

(2)工量具:数字式万用表、一字螺丝刀。

(3)材料:卡罗拉轿车维修手册、教材、现代汽车技术工作室、配备多媒体教学设备和课桌椅、零件车、三角木、三件套。

2. 认识发动机燃油喷射控制系统总体结构

认识发动机燃油喷射控制系统:电子控制装置→空气供给系统→燃油供给系统。

三、任务实施

在进行认识发动机燃油喷射控制系统总体结构作业之前,应首先在车辆维修手册上找到"零件位置"这一节内容,根据维修手册的提示和说明并结合实车进行查找和解说。在查找过程中,严格按照维修手册的规范和要求进行操作,同时在维修过程中遵守7S 原则。

1. 设备、工具、工位的准备

(1)丰田卡罗拉轿车工作台 1 个、丰田卡罗拉轿车台架、工具车(含常用工具)1 台、零件车 1 台、数字式万用表 1 个、丰田卡罗拉轿车维修手册 1 套、抹布若干。

（2）将点火开关置于 OFF 挡，依次提起发动机罩前后两端，取下发动机罩。

（3）拆下后座椅。

2. 发动机燃油喷射控制系统主要零件的查找（表 8-2）

发动机燃油喷射控制系统主要零件的查找 表 8-2

（1）查找发动机控制单元（ECM）	（2）各传感器的查找。
	\n\n1-爆震传感器；2-节气门位置传感器；3-曲轴位置传感器；4-冷却液温度传感器；5-排气凸轮轴位置传感器；6-进气凸轮轴位置传感器
（3）查找空气流量传感器	（4）空气供给系统的查找及走向
（5）油泵的查找	（6）油路的走向

学习任务2 燃油供给系统压力的检测

学习过程

一、资料搜集

1. 检测油压的方法

1) 工作油压

工作油压是指发动机怠速运转中燃油系统的实际工作油压。测试时油压表指针应稳定,如果指针剧烈摆动,油压可能不正常。一般压力值应在 250～350kPa 且相当稳定。

作用:用来判断发动机供油油压是否正常。

2) 调节油压

在发动机怠速运转时,断开油压调节器真空管,燃油系统升高后的油压减去断开真空管前的油压的差值。

作用:用来判断油压调节器是否正常。

3) 最大油压

将回油管夹住,使回油管停止回油,此时压力表的测量值应比没有夹住回油管的压力要高出 2～3 倍。在这一状态下,还应该检查燃油系统的各部位是否泄漏。检查时应注意只能夹住回油软管,不可弯曲,否则软管可能会断裂而导致泄漏。

作用:检测燃油泵最大泵油能力。

4) 残余油压

残余油压指发动机熄火后燃油管道的燃油压力。

技术要求:要求油压在 10min 内不允许有明显的回落。

作用:检测燃油泵、油压调节器和喷油器是否泄漏。

2. 油压测量的标准

不同车型的燃油压力见表8-3。

不同车型的燃油压力　　　　　　　　　　　　表8-3

车型	排量(L)	喷射类型	系统油压(接真空管)(kPa)	残压(kPa)
桑塔纳2000	1.8	多点喷射	约300	>150 (停车10min后)
奥迪 A6	1.8	多点喷射	约350	>250 (停车10min后)
上海别克	3.0	多点喷射	284～325	>33 (停车10min后)

续上表

车型	排量（L）	喷射类型	系统油压（接真空管）（kPa）	残压（kPa）
通用	5.0	单点喷射	75	残压很低
丰田		多点喷射	196~235（怠速）	熄火后 5min 不降低
			265~304（静态）	
克莱斯勒	2.5	单点喷射	98	残压很低
本田	2.0	多点喷射	265~305（怠速）	>150
				（停车 10min 后）
福特	2.3	多点喷射	206~318（怠速）	熄火后 5min 不降低

丰田卡罗拉发动机燃油压力维修技术参数见表8-4。

丰田卡罗拉发动机燃油压力维修技术参数 表 8-4

发动机工作时燃油压力的测量	怠速运转	300~350kPa
	节气门全开	300~350kPa
燃油系统最大压力的测量	490~640kPa	
燃油系统保持油压的测量	燃油泵停止工作，等待 10min 后，保持压力大于 150kPa	

3. 燃油压力测试值分析

（1）系统油压不正常的原因分析，见表8-5。

系统油压不正常的原因分析 表 8-5

状 态	可 能 原 因	可 疑 区 域
系统油压过低	燃油滤清器堵塞	燃油滤清器
	油泵故障	汽油泵
	燃油管路有松动/泄漏	管路接头处
	燃油压力调节器故障/装配不良	油压调节器
系统油压过高	油压调节器回油阀门黏滞	油压调节器
	回油管堵塞	回油管路

（2）系统残压不正常的原因分析，见表8-6。

燃油系统残压不正常的原因分析 表 8-6

状 态	可 能 原 因	可 疑 区 域
关闭发动机后，燃油压力缓慢下降	喷油器滴漏	喷油器
关闭发动机后，燃油压力迅速下降	燃油泵内止回阀关闭不严	油泵止回阀
	油压调节器回油阀门关闭不严	油压调节器

发动机熄火后，燃油压力表的压力指示数值将保持 5min，观察这一时段内油压表读数的变化可知燃油系统技术状况。逐一检查可疑区域，由易到难进行故障排除，排除完

成后应重新测试油压。

4.检查发现系统残压过低

系统残压过低故障原因有三方面:燃油泵出油止回阀密封不良;燃油压力调节器密封不良;喷油器密封不良。

5.检查顺序

(1)检查燃油泵出油止回阀的密封性。先关闭燃油压力表上的截止阀,重新进行一次残压测试。如果系统残压正常,说明燃油泵止回阀密封不良。

(2)关闭截止阀,测试后发现系统残压仍然过低,说明燃油泵止回阀密封良好。用钳子夹住燃油压力调节器的回油管,重新进行残压测试,发现此时残压正常。由此说明燃油压力调节器的回油阀损坏。

二、任务准备

1.所需的工量具及材料

(1)设备:丰田卡罗拉轿车。

图8-25 燃油压力表

(2)工量具:燃油压力表(图8-25)、汽油管、专用的油管接头(三通接头)、万用表。

(3)材料:卡罗拉轿车维修手册、教材、现代汽车技术工作室、配备多媒体教学设备和课桌椅、零件车、三角木、三件套、抹布。

2.燃油压力的检测

检测顺序:工量具的准备→安全检查→泄压→装油压表→测量→泄压→卸油压表→恢复设备工位→清洁工位。

三、任务实施

1.安全检查(表8-7)

安 全 检 查　　　　　　　　　　　　表8-7

(1)车辆的基本信息				(2)安全检查
基本信息	车辆识别代码号		车型	机油液面: 正常□ 偏低□ 偏高□
				冷却液液面:正常□ 偏低□ 偏高□
				制动液液面:正常□ 偏低□ 偏高□
	发动机型号		里程数	蓄电池状态:良好□ 需充电□ 需更换□
				检查车辆仪表(打开点火开关,不起动发动机)
				发动机故障灯是否点亮:是□　否□

续上表

（3）燃油箱			（4）燃油管		
是否漏油	（　）是	（　）否	是否存在破裂、割伤、扭结、凹痕	（　）是	（　）否
有无腐蚀和金属箱内是否生锈	（　）是	（　）否	是否存在轻度污迹、老化、漏油	（　）是	（　）否
燃油箱是否损坏或接缝是否有缺陷	（　）是	（　）否	连接是否松动	（　）是	（　）否
是否有松动的装配螺钉和损坏的装配皮带	（　）是	（　）否	是否稳固的安装在车辆的底盘上	（　）是	（　）否
			各接头处是否泄漏	（　）是	（　）否
（5）燃油滤清器			（6）喷油器		
安装方向是否正常	（　）是	（　）否	是否能够转动	（　）是	（　）否
接头是否有泄漏	（　）是	（　）否	插头是否连接良好	（　）是	（　）否
			拔出插接器，观察是否有锈蚀、松动	（　）是	（　）否
			喷油器外壳是否损坏	（　）是	（　）否

2. 卸油压（表 8-8）

卸　油　压　表 8-8

（1）拆卸后座椅垫，打开维修盖，拔下分离燃油泵插接器，随后起动发动机并等待，直至管路内燃油被耗尽为止，发动机自动熄火后，再起动发动机一两次，关闭点火开关并断开蓄电池负极	（2）用软布包住供油软管接头，将供油软管从燃油总管上分离

续上表

(3)在供油软管和输送管之间安装燃油压力表。 $1MPa = 1000kPa = 10kgf/cm^2 = 10bar = 145psi$ 	(4)连接蓄电池负极端子,连接油泵插接器,使油泵泵油,检查连接接头及油压表是否漏油 

3.测量油压(表8-9)

测量油压 表8-9

(1)起动发动机并测量怠速时的燃油压力;系统正常工作油压为310～330kPa,怠速油压检查结果显示怠速油压正常 	(2)发动机熄火,在熄火5～10min内观察燃油压力表数值情况,应为260～290kPa。残余油压检查结果显示正常 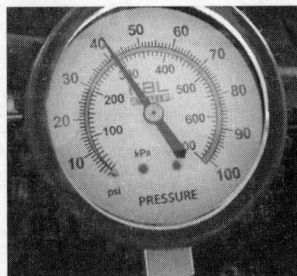
(3)按前述方法进行卸压,拆卸油压测试专用工具,将供油软管连接到燃油输送管上。检查管路连接处有无燃油渗漏,有渗漏需排除 	

四、知识拓展

卡罗拉轿车燃油压力一般不会过高,但可能会出现系统油压过低的问题。在电控发动机中,系统油压过低除了会造成起动困难之外,还会造成汽车不能起动、怠速不稳、加速不良、动力不足等故障。

1. 不能起动

燃油系统油压过低会导致发动机不能起动。在电动燃油泵运转时检查燃油系统油压,在发动机未运转时正常油压应为 330kPa 左右,如油压过低,应分别检查燃油泵出油阀及喷油器是否有故障。

2. 怠速不稳、易熄火

当怠速油压过低时,会造成混合气过稀,使怠速时的功率不稳定。氧传感器检测到混合气过稀的故障码。用燃油压力表测试怠速时油压,应为 350kPa,如燃油压力太低,应检查电动燃油泵和燃油滤清器。

3. 加速不良、动力不足

当燃油系统大负荷油压值偏低时,会造成大负荷时功率不足,表现为加速无力、动力不足。一般大负荷油压与怠速油压差值在 50kPa 左右,应检查电动燃油泵和燃油滤清器。

学习任务 3　燃油泵及其控制电路的检修

学习过程

一、资料搜集

1. 燃油泵控制电路的工作原理

如图 8-26 所示,当点火开关打到"ON":蓄电池→FLMAIN→熔断器 AM2→点火开关

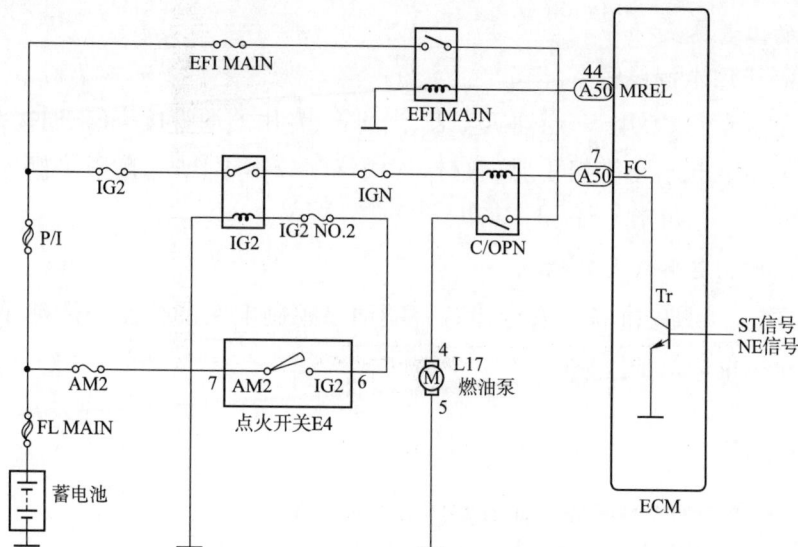

图 8-26　燃油泵控制电路

→IG2NO.2→IG2 继电器→搭铁,IG2 继电器线圈通电,将 IG2 继电器开关吸合;蓄电池→FLMAIN→P/I→IG2→IG2 继电器→IGN→C/OPN 继电器线圈→ECMFc 端子;ECM 的 MREL→EFIMAIN→搭铁,EFIMAIN 继电器线圈通电,将 EFIMAIN 开关吸合,蓄电池→FLMAIN→P/I→EFIMAIN→EFIMAIN 继电器→C/OPN 继电器。

当点火开关打到 ST 时:STA 信号和 NE 信号输入 ECM 时,晶体管 Tr 接通,ECM Fc 端子搭铁,C/OPN 线圈通电,将 C/OPN 开关吸合,给燃油泵提供电源,从而使燃油泵工作。产生 NE 信号时,ECM 将保持 Tr 接通,从而燃油泵也保持运转。

2. 喷油泵的结构(图 8-27)

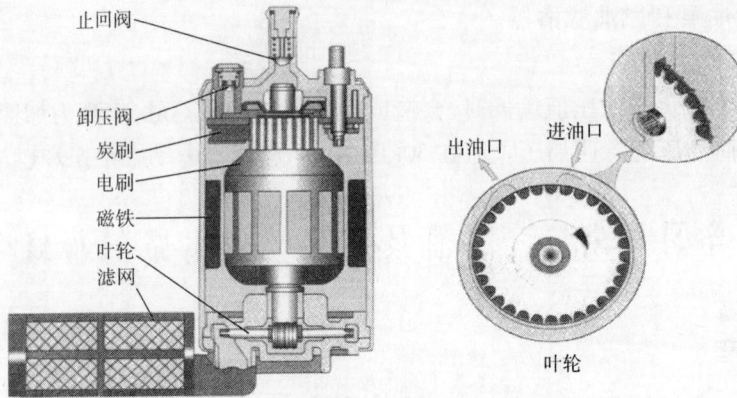

图 8-27　喷油泵

二、任务准备

1. 所需的工量具及材料

(1)设备:丰田卡罗拉轿车。

(2)工量具:试灯、万用表、燃油压力表、汽油管、专用的油管接头(三通接头)。

(3)材料:卡罗拉轿车维修手册、教材、现代汽车技术工作室、配备多媒体教学设备和课桌椅、零件车、三角木、三件套、抹布。

2. 燃油泵控制电路及元件检测

检测顺序:工量具的准备→安全检查→喷油泵控制电路的检测→燃油泵元件的检测→恢复设备工位→清洁工位。

三、任务实施

(1)安全检查(同学习任务 2 任务实施安全检查)。

(2)油泵控制电路的查找,见表 8-10。

(3)油泵控制电路的检查,见表 8-11。

油泵控制电路的查找

表8-10

（1）油泵控制电路熔断器的实车查找 IG2 NO.2 IG2 AM2 EFIMAIN	（2）将点火开关打到"ON"，用试灯测量各熔断器两端应该亮，否则检查线路和熔断器，并用万用表检测各熔断器应该导通，无烧坏情况。（发动机舱熔断器） 发动机仪表板接线 IGN
（3）通过维修手册，实车查找各继电器位置 TG2 EFI 1 2 3 4 5 6 7 8	（4）实车查找 C/OPN 继电器各线束位置 2A ②A 2B ②B 2D 2G 2A 2B 2H 2E 2K 2G 2F 2L 2F ②F 3 2 1 8 7 6 5 4
（5）实车查找燃油泵的电源线和搭铁 L17 1 2 3 4 5	

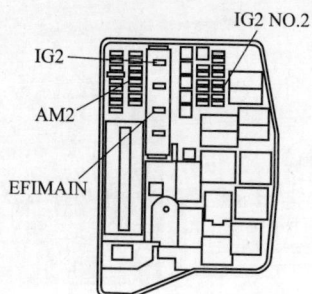

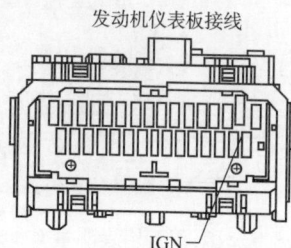

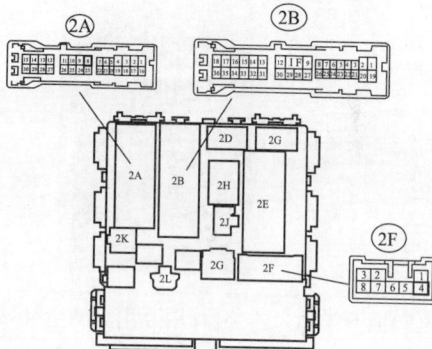

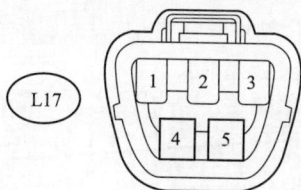

油泵控制电路的检查

表8-11

（1）打开点火开关至 ON 挡，用万用表测量 IGN 熔断器两端与搭铁之间电压应为 9～14V 发动机仪表板接线 12.62 V DC Auto Range IGN	（2）打开点火开关至 ON 挡，用万用表测量 C/OPN 继电器 2F－4 端子电压应为 9～14V 2F 3 2 1 8 7 6 5 4 12.62 V DC Auto Range

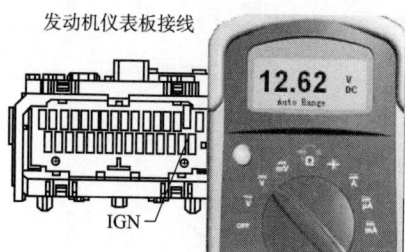

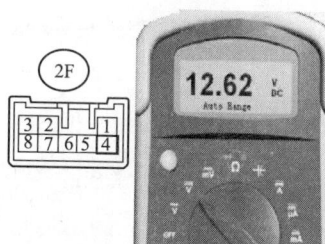

(3)打开点火开关至 ON 挡,用万用表测量 C/OPN 继电器 2B－10 端子电压应为 12V。起动发动机,用万用表测量 C/OPN 继电器 2B－10 端子电压应由 9～14V 变为 0V 	(4)打开点火开关至 ON 挡,用万用表测量 C/OPN 继电器 2B－11 端子电压应为 9～14V 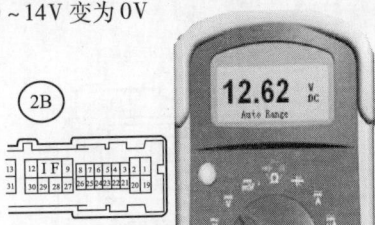
(5)起动发动机,用万用表测量 C/OPN 继电器 2A－8 端子电压应为 9～14V 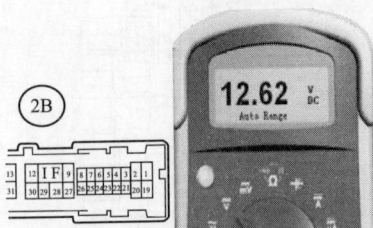	(6)断开燃油泵插接器,用万用表测量插接器 L17－4 端子,起动发动机时,电压应为 9～14V 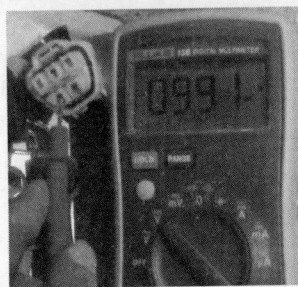
(7)断开燃油泵插接器,用万用表测量插接器 L17－5 端子与车身搭铁之间的电阻应小于 1Ω 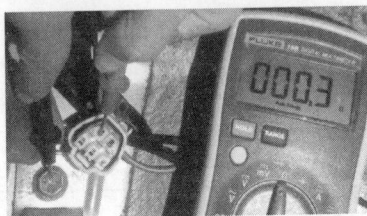	(8)用万用表电阻挡测量燃油泵电动机插接器插座两端子间的电阻值。若电阻值为无穷大,则说明电动机内部有断路故障或者电刷接触不良。若电阻为零,则说明电动机内部有短路故障,这两种状况均应更换燃油泵 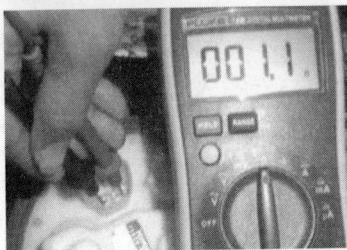
(9)用导线连接燃油泵插接器插头上的供电端子和搭铁端子,分别与蓄电池正负极端子连接,油泵正常工作,说明油泵完好 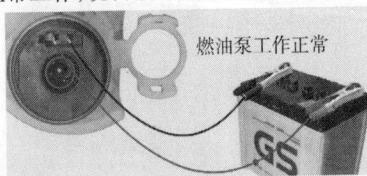 燃油泵工作正常	

学习任务4　喷油器及其控制电路的检修

学习过程

一、资料搜集

1. 喷油器控制电路的工作原理

(1)如图 8-28 所示,当点火开关打到"ON":

蓄电池→FLMAIN→AM2→点火开关→IG2NO.2→IG2 继电器→搭铁,IG2 继电器线圈通电,将 IG2 继电器开关吸合,给各缸喷油器提供电源。

(2)当点火开关打到"ST":ECM 收到 ST 信号和 NE 信号,控制#10、#20、#30、#40 晶体管导通,各缸喷油器就可以通过电脑板搭铁而工作。

ECM 根据各传感器信息计算出最佳的燃油喷射量,并使喷油器喷射燃油。ECM 通过对喷油器打开时间的控制来实现喷油量的控制,从而保证在发动机正常运行。

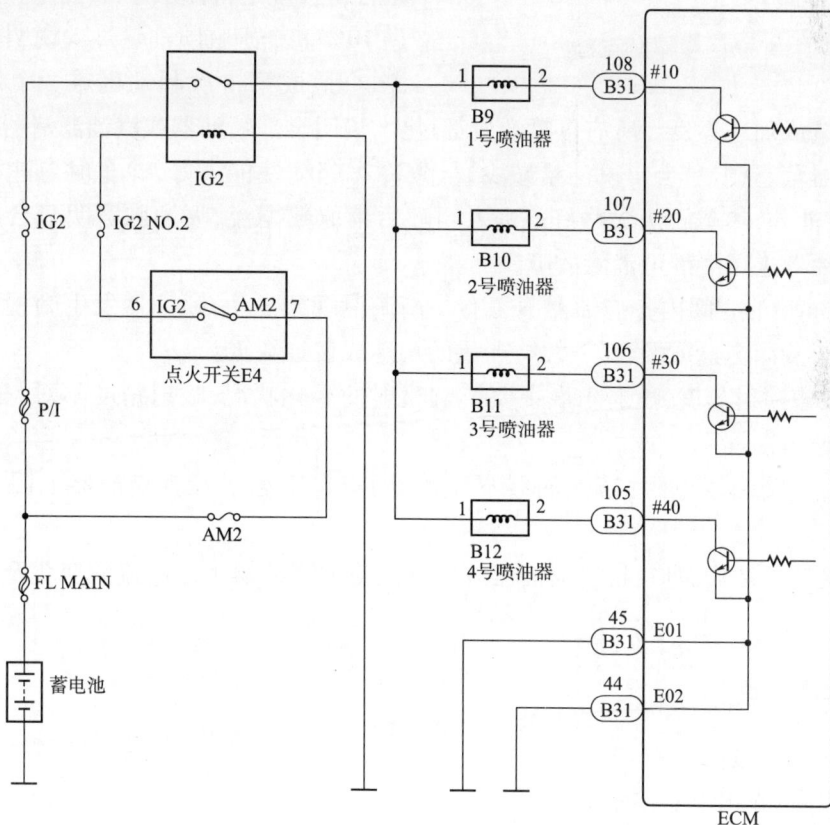

图 8-28　喷油器控制电路

2. 喷油器的结构

喷油器的结构如图 8-29 所示。

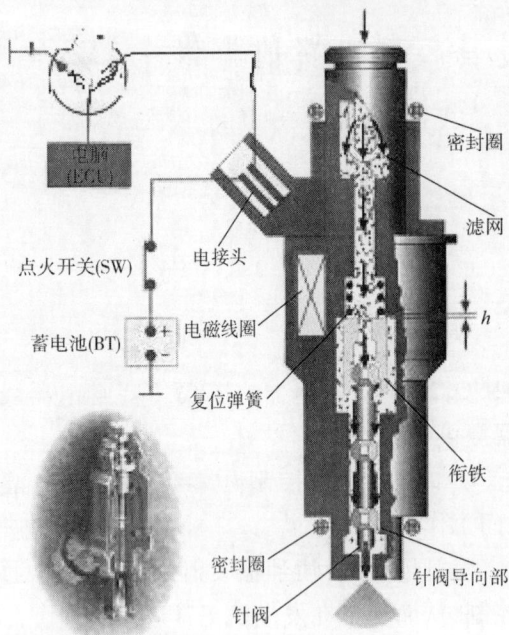

图 8-29　喷油器的结构

3.喷油器常见故障分析

喷油器的常见故障是脏、堵,另外控制线路或喷油器线圈断路、短路,也会造成喷油器工作不良或停止喷油。

喷油器最主要的检查项目是喷油量和滴漏的测试,通常在喷油器试验台上测试。喷油器检测有四项内容:读取数据流,观察喷油脉宽;30s 喷油量;滴漏;喷射角度。同时对喷油器还应进行波形检查。

(1)读取数据流,记录喷油脉宽值。但喷油器堵塞后,喷油量只有正常 50% 左右,进入闭环后,ECM/PCM 会根据氧传感器信号加大喷油脉宽。

(2)30s 喷油量检测检查:30s 喷油量是否符合规定,各缸 30s 喷油量相差不得超过 10% 。个别缸喷油量过少说明喷油器卡滞,会造成第一次起动困难。个别缸卡滞不喷油会造成加速不良。所有缸喷油量都过少,说明全部喷油器或汽油滤清器堵塞。

喷油器堵塞、卡滞会使喷油量减少,导致冷车起动性能不好,冷车时怠速极其不稳定,加速性能差,热车后情况略好。进入闭环后读取数据流,喷油脉宽明显会高于正常值。对喷油器进行清洗可消除故障。

(3)30s 喷油时间内各喷油器不得有一滴滴漏现象发生,喷油器发生滴漏则应更换该喷油器。滴漏会造成混合气过浓,严重的会造成该缸缺缸。

(4)检查喷射角度:喷射角度主要影响喷射的雾化状况,喷射角度不对,雾化不好,会造成加速缓慢。

(5)检测喷油器电阻:若喷油器不喷油,则应在室温下检查喷油器电阻是否符合规定。

(6)检测喷油器波形:检测喷油器波形就是检测喷油器工作电流的变化及喷油脉宽的变化。

二、任务准备

1. 所需的工量具及材料

(1)设备:丰田卡罗拉轿车。

(2)工量具:试灯、万用表、示波器。

(3)材料:卡罗拉轿车维修手册、教材、现代汽车技术工作室、配备多媒体教学设备和课桌椅、零件车、三角木、三件套、抹布。

2.喷油器控制电路及元件检测

检测顺序:工量具的准备→安全检查→喷油器控制电路的检测→喷油器元件的检测→恢复设备工位→清洁工位。

三、任务实施

1.用示波器检测喷油信号波形(表8-12)

示波器检测喷油信号波形检查　　　　表8-12

(1)ECM/PCM通过搭铁控制电路接通喷油器时,电路电压低(理论值为0V)时喷油器喷射燃油,ECM/PCM断开控制电路来切断喷油,喷油器喷嘴关闭且电路电压暂时为峰值。如下图所示	(2)喷油波形分析:通过读取喷油脉宽(ms),显示如下图所示,发现1号喷嘴的喷油脉宽有异常
(3)如喷油器参数不正常,则需要检查端子与插接器是否有松动、弯曲、腐蚀、被污染、变形或者损伤的情况	

2.喷油器及喷油器电路的检查

(1)将点火开关打至"OFF",断开喷油器插接器。随后将点火开关旋至"ON"但不起动发动机,测量喷油器线束插接器的控制端子和搭铁之间的电压应为9~14V	(2)检测喷油器线圈的电阻。断开点火开关,拔下喷油器的插头,用万用表电阻挡测量喷油器电磁线圈的电阻值,喷油器电阻值应为9~15Ω

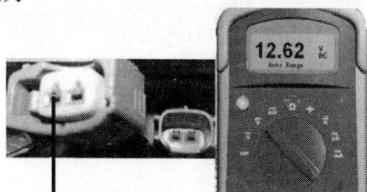

续上表

(3)喷油器工作情况检查。发动机热车后怠速运转时,用螺钉旋具(螺丝刀)或听诊器(触杆式)接触喷油器,如果能听到各缸喷油器清脆均匀的"嗒嗒"声,则说明喷油器工作正常	(4)检查喷油器外观,发现喷油器发黑,进一步检查发现由于车辆已行驶相当里程,喷油器被堵,喷油口已有积炭,造成喷油时间过长。用清洗仪清洗喷油器,重新安装并检查喷油器雾化性能及喷油脉宽数据流,发现一切良好
	a)良好　　a)尚可用　　c)不可用

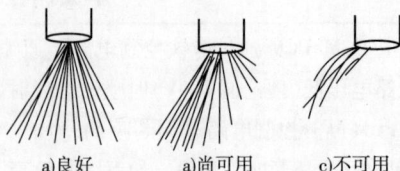

四、学习拓展

燃油蒸发(EVAP)控制系统原理

功用:燃油蒸发(EVAP)控制系统的作用是暂时将燃油箱蒸发的燃油存储下来,在需要时,再将其送回发动机燃烧室燃烧。

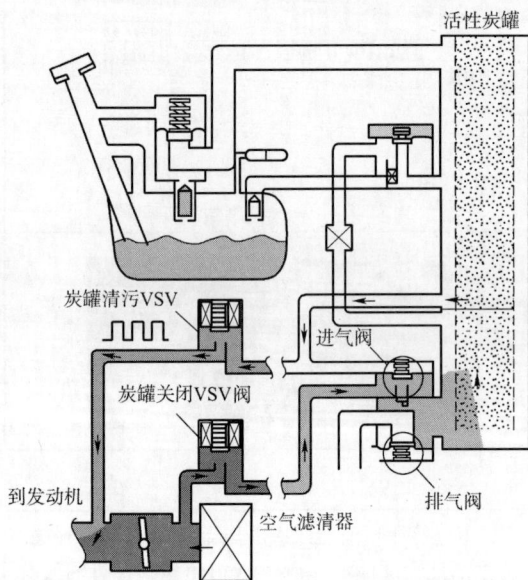

图8-30　燃油蒸发(EVAP)控制系统原理

结构组成:燃料蒸发排放控制系统在空气滤清器、进气歧管、活性炭罐和燃油箱之间设有通道和阀,如图8-30所示,发动机ECM通过对VSV阀等的打开和关闭的控制,来实施对整个蒸发的汽油运作进行控制。

工作原理:当发动机运转到一定状态下,发动机ECM打开VSV(用于活性炭罐关闭阀),并利用占空比控制来控制VSV(用于EVAP),因此,空气阀受到来自进气歧管的真空力的侵入而被打开,空气阀被打开以至于,空气是经由VSV(用于活性炭罐关闭阀)与活性炭罐的燃料蒸气混合后,流入进气歧管。

发动机ECM利用占空比控制来控制VSV(用于EVAP),是为了防止在怠速和其他状态下过多实施的净化流程,引起发动机故障和排放进一步恶化。

五、操作能力考核

发动机电子燃油喷射控制系统检修一体化课程考核表见表8-13。

发动机电子燃油喷射控制系统检修一体化课程考核表   表8-13

序号	考评项目	配分	技术要求考评标准	得分	扣分	备注
1	检查工具和设备	5	准备必要的工具和设备,检测工具和设备是否工作正常,未准备及检查一项扣2分			
2	正确使用工具和仪器	20	工具和仪器使用不当扣10分			
3	燃油喷射控制系统工作原理认识和维修方案的制定是否合理正确	30	认知、分析错误每处扣2分			
4	燃油喷射系统检测并正确诊断排除故障	30	拆卸/安装方法错误每项扣2分,检测方法错误每项扣2分,不按规定技术要求操作,每处扣2分			
5	遵守操作规程,正确使用工量具,操作现场整洁	10	每项扣2分,扣完为止			
6	安全用电,防火	5	因操作不当发生重大事故,此项按0分计			
7	分数总计	100				

学习项目9 发动机电子点火控制系统检修

学习任务 发动机电子点火控制系统检修

情景描述

一辆丰田卡罗拉轿车,进入修理厂,客户反映该车发动机起动后怠速抖动,而且易熄火,行驶中故障指示灯点亮,车主反映该车加速性能不好。经维修班组长试车检查判断为电子点火系统故障,现需要维修技工根据维修手册相关要求,在规定时间内对发动机电子点火系统进行检修,检修完成后自检交付班组长验收。

学习目标

知识目标

1. 点火系统的功用、分类及组成元件名称;
2. 能叙述点火系统主要元件的结构及工作原理。

技能目标

1. 能叙述并执行发动机操作、设备运用、消防等安全操作规程;
2. 能找出点火系统组成元件的安装位置;
3. 能按维修手册要求规范对点火系统各元件进行拆装、检修,并判断其性能好坏;
4. 能识读点火系统电路图,准确查找出故障原因,并对故障点进行修复;
5. 能在实施过程中记录拆装、检测步骤等重要内容。

学习内容

1. 点火系统的功用、分类及组成元件名称;
2. 点火系统主要元件的结构、工作原理、安装位置、检查方法;
3. 执行发动机操作、设备运用、消防等安全操作规程;
4. 规范拆装点火系统主要元件;
5. 检测点火系统的主要元件,并记录检测结果。

建议课时

28 课时

学习过程

一、任务要求

查找点火系统的组成及原理,检测各元件性能,排除故障。

二、资料搜集

1.发动机点火系统的作用

点火系统的功用是在汽缸内适时、准确、可靠的产生电火花,以点燃可燃混合气,使汽油发动机实现做功,如图9-1所示。

2.发动机点火系统的类型

1)按照历史发展

按照历史发展可以分为传统点火系统、电子点火系统、微机控制点火系统三种类型,如图9-2所示。

2)按照点火控制方式

图9-1　点火系统的功用

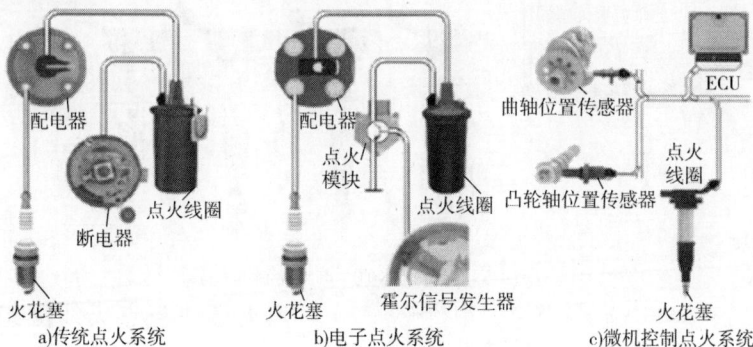

按照点火控制方式可以分为分组点火、独立点火两种类型,如图9-3、图9-4所示。

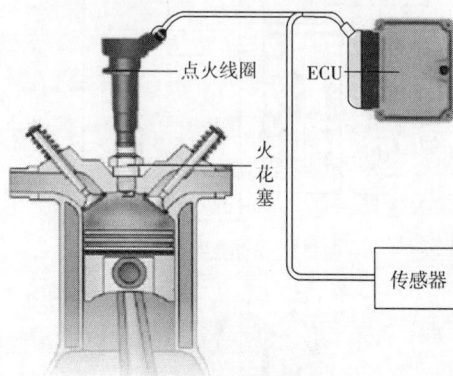

图9-2　点火系统的类型

3.无分电器式的微机控制点火系统

1)主要部件

丰田卡罗拉发动机采用的是无分电器式的单缸独立点火的微机控制点火系统,它主要由监测发动机运行状态的传感器、处理信号和发出点火指令的电控单元(ECU)、对点火指令作出响应的执行器等组成,如图9-5所示。

点火系统主要部件的安装位置如图9-6所示。

2)点火系统的执行器

(1)点火模块。控制汽车点火线圈工作的点火控制器俗称点火模块,如图9-7所示,点火线圈按ECU的指令,在指定的时刻、对应的工况所需能量而点火。有的点火模块还提供给 ECU 反馈信号,供 ECU 判断点火线圈工作是否正常,还有的反馈信号供 ECU 计算下一个导通脉冲宽度,点火模块的作用是针对 ECU 输出的点火正时信号 IGT,间歇性地将初级线圈电流作用于点火线圈,并将点火确认信号 IGF 传递给 ECU。

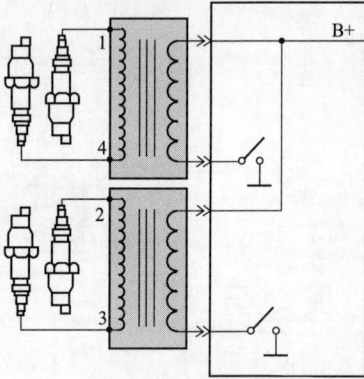

图 9-3 分组点火

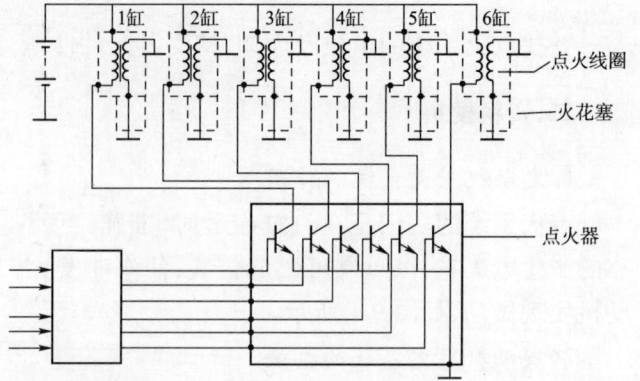

图 9-4 独立点火

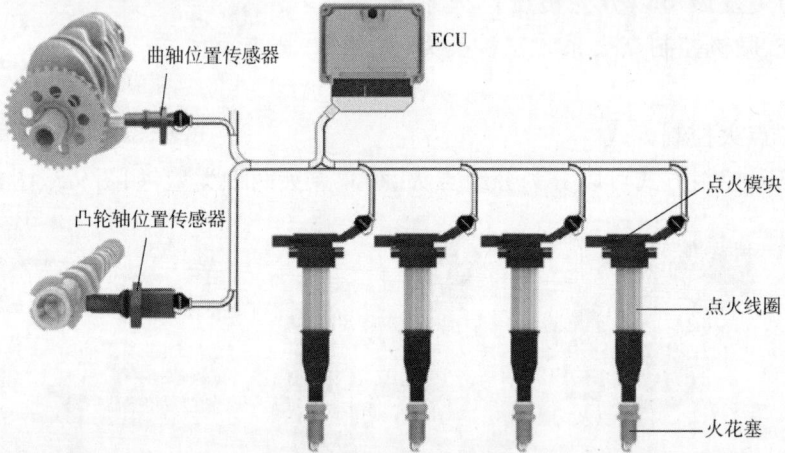

图 9-5 无分电器独立点火控制方式

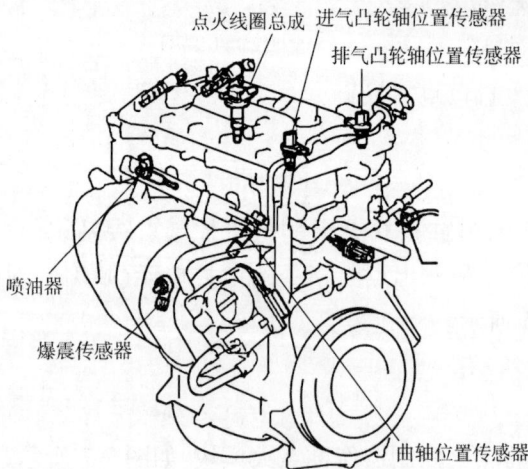

图 9-6 主要部件安装位置图

点火模块与点火线圈组合有两种类型:一类是点火模块与 ECU 集成在一起,控制点火线圈点火的功率部件在 ECU 上,点火线圈上无点火模块;另一类是点火模块与点火线圈组合在一起,有一体式和分体式两种类型,ECU 只给控制信号。

点火模块实际是一个功率电子开关,控制点火的信号为方波或磁脉冲信号,输送到点火模块的信号输入端,通过整形来驱动功率电子开关。用脉宽来控制功率电子开关的导通时间,导通后,点火线圈电流近似指数特性上升,导通时间长,断电电流就大,以此来控制线圈的点火能量,用脉冲信号的后沿时刻控制功率电子开关的关断时刻,即控制点火时刻。

(2)点火线圈。点火线圈主要由初级线圈(电阻为 $1.2 \sim 1.4\Omega$)、次级线圈(电阻为 $6 \sim 8k\Omega$)等组成,如图9-8所示。它的功用是将低压电变成高压电,ECU 发出 IGT 信号控制点火模块里的功率晶体管,切断初级线圈的搭铁,使绕在同一根铁芯上的次级线圈感应出高压,直接传给火花塞,使火花塞点火。

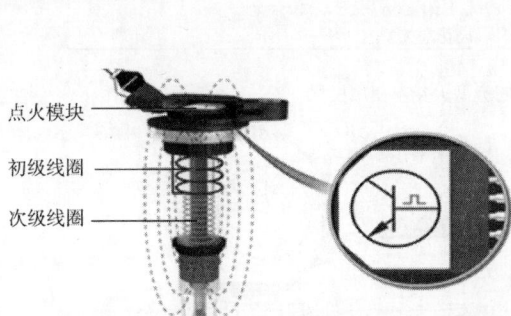

图9-7　带点火器的点火线圈总成

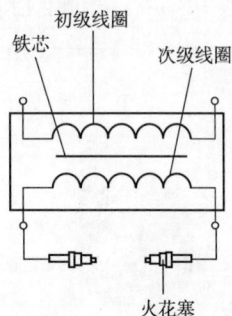

图9-8　双火花塞点火线圈示意图

(3)火花塞。火花塞将上万伏的高压电引入燃烧室,并产生电火花点燃混合气。它主要由火花塞接线螺母、瓷绝缘体、中心电极、侧电极和壳体等部分组成,如图9-9所示。从次级线圈来的高压电流经过火花塞细长的中央金属电板,穿过陶瓷制作的绝缘体中心至中心电极,与以螺纹方式旋紧在汽缸盖上的金属壳侧电极形成搭铁作用,在中心电极和侧电极微小的间隙(标准间隙值为 $1.0 \sim 1.1mm$)放电,产生电火花点燃混合气。

火花塞按照热值高低来分,有冷型和热型;按照电极材料来分,有镍合金、银合金和铂合金等;这些类型的火花塞使用寿命有所不同,对应的更换里程也存在差异,如图9-10所示:

火花塞选型的基本原则是:"热型"发动机(大功率、大压缩比、高转速)应选配"冷型"火花塞(裙部长度短、导热长度短);"冷型"发动机(小功率、小压缩比、低转速)应选配"热型"火花塞(裙部长度长、导热长度长),以维持火花塞的热平衡,使其工作温度保持在 $500 \sim 850℃$ 工作范围。

3)点火系统的工作原理

起动发动机,电子控制单元接收到曲轴位置传感器和凸轮轴位置传感器发出的同步信号,并根据 ECU 内部预先编制的控制程序和存储的数据,通过计算、处理、判断,发出点火指令信号,点火控制器晶体管导通,电流流过初级绕组产生磁场,点火控制晶体管截止,磁场迅速消失,在次级绕组产生感应电动势,高压电送至火花塞跳火,如图9-11所示。

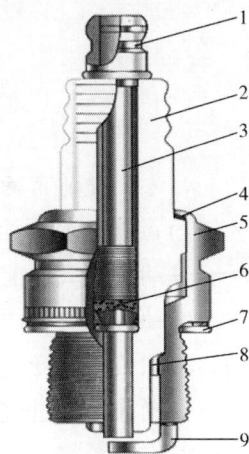

图9-9　火花塞结构图
1-接线螺母;2-绝缘体;3-金属杆;4-垫圈;5-壳体;6-导电玻璃;7-密封圈;8-垫圈;9-旁电极

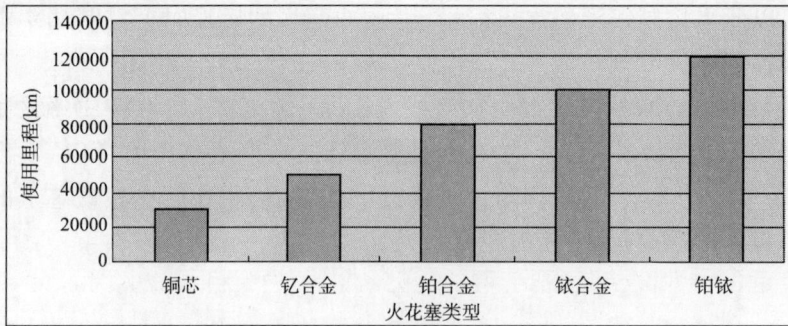

图 9-10　不同类型火花塞使用里程

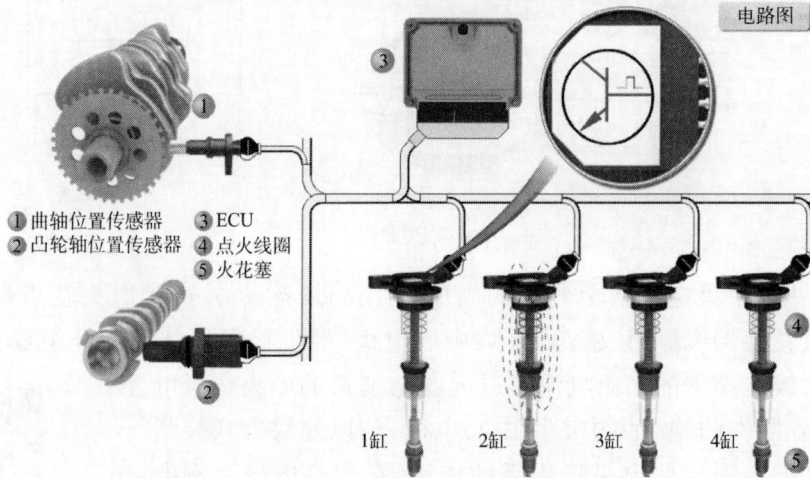

① 曲轴位置传感器　③ ECU
② 凸轮轴位置传感器　④ 点火线圈
⑤ 火花塞

图 9-11　点火系统的工作原理

4.点火提前角的控制

1)点火提前角的控制原理

发动机点火提前角 = 初始点火提前角 + 基本点火提前角 + 修正点火提前角

发动机每转一周后,ECU 就计算并输出点火提前角的调整量,当传感器测出发动机的转速和负荷有变化时,ECU 就使点火提前角作出相应的改变。但当 ECU 计算出的实际点火提前角超过最大或最小点火提前角的允许值时,ECU 则以最大或最小提前角的允许值进行调整。

(1)初始点火提前角:初始点火提前角又称固定点火提前角,不同型号发动机,其值大小也是不同的。一般在上止点前 6°～12°,桑塔纳 2000GLi 型轿车为上止点前 8°。

(2)基本点火提前角:基本点火提前角是发动机最主要的点火提前角,是设计时确定的点火提前角。可从 ROM 中查询出相应的基本点火提前角来控制点火。

(3)修正点火提前角:修正点火提前角是 ECU 根据相关因素(冷却液温度、进气温度、开关信号等)适当增大或减小点火提前角,适应发动机的运转状况,以得到良好的动力性、经济性和排放性能。修正点火提前角主要有暖机修正和怠速修正。

①暖机修正。暖机修正指节气门位置传感器的怠速触点闭合时,发动机冷却液温度

— 138 —

较低,ECU 对点火提前角进行的修正。当冷却液温度低时,增大点火提前角,以促使发动机尽快暖机;当发动机冷却液温度较高时,必需减小点火提前角,以避免发动机过热。

②怠速修正。怠速修正是指为了使发动机怠速时运转稳定,ECU 对点火提前角进行的修正。发动机怠速运转时,由于发动机负荷变化使发动机转速改变,ECU 对点火提前角进行调整,使发动机在规定的怠速转速下稳定地运转。

2)点火提前角的控制方法

我们以四缸发动机点火时刻控制来说明 ECU 对点火提前角的控制,其控制过程如图 9-12 所示。设四缸发动机的汽缸判别信号在上止点前 105°时产生;发动机转速 2000r/min 时,最佳点提前角为上止点前 30°。当 ECU 接收到凸轮轴位置传感器信号时,表明某缸活塞处于压缩上止点前 105°位置。ECU 从接收到凸轮轴位置传感器信号后 5°开始(计数开始的信号称为基准信号,由 ECU 内部电路控制),对曲轴位置传感器输入的转速和转角信号(1°信号)进行计数。当 ECU 计数到第 71 个 1°信号时向点火控制器发出指令,使功率晶体管截止,切断点火线圈初级电流,使次级线圈产生高压电并送至火花塞跳火。所以点火提前角为 $105° - 5° - 70° = 30°$,如图 9-12 所示。

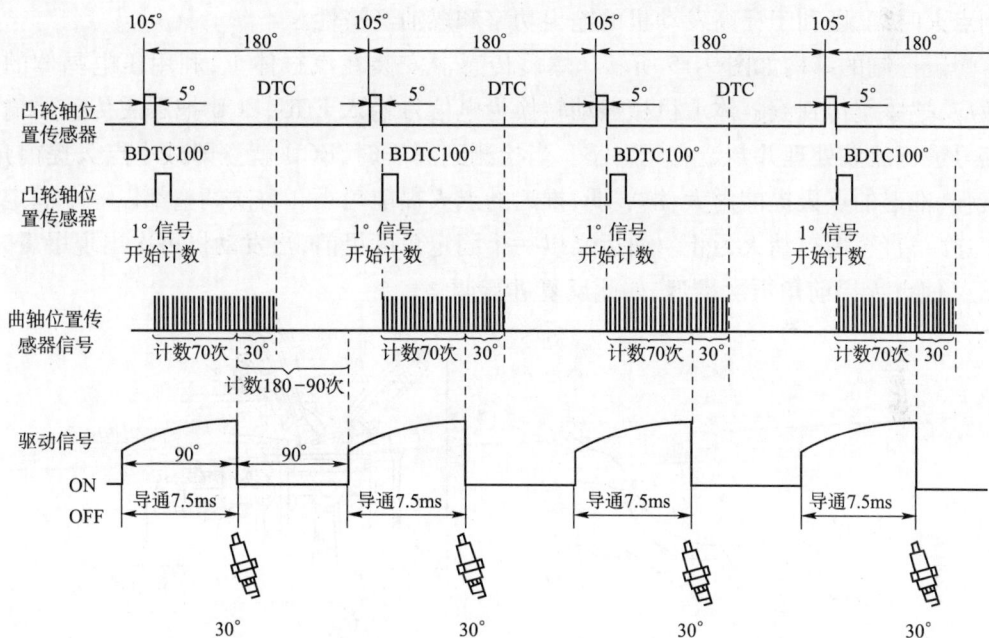

图 9-12　点火提前角控制过程

5. 闭合角的控制

闭合角即点火通电时间,是指点火线圈初级电路的功率晶体管导通期间,发动机曲轴转过的角度。闭合角的大小取决于发动机转速和蓄电池电压的大小。当发动机转速升高时,应适当增大闭合角,以防初级断开电流减小,点火线圈储能下降;当蓄电池电压下降时,在相同的通电时间内初级电流所能达到的值会减小,此时应增大闭合角。

对闭合角进行控制时,在 ECU 的内存中储存了根据发动机转速和电源电压确定的

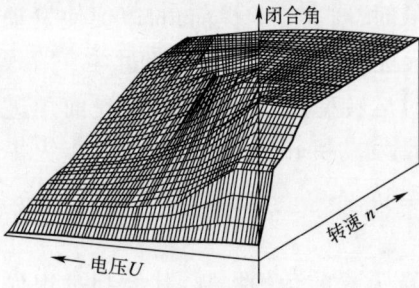

图9-13 闭合角三维数据图谱

闭合角三维数据图谱,如图9-13所示。在发动机的实际工况中,ECU通过查找图谱中的数据,就可以计算出最佳点火闭合角。

6.爆震控制

爆震是汽油发动机中一种不正常的燃烧。发动机工作时如果产生爆震,火花塞电极或活塞就会产生过热等现象,因此我们要避免发动机产生爆震。

爆震与点火提前角、汽油的辛烷值有关。图9-14所示是爆震与点火时刻、发动机转速的关系图。发动机发出最大转矩的点火时刻(MBT)是在开始产生爆震点火时刻(爆震界限附近)。因此点火系统在设定各工况最佳点火时刻时,应留有离开爆震界限的余量。无爆震反馈控制时,所留余量相对大些,这时的点火时刻比发动机发出最大转矩的点火时刻(MBT)滞后,故输出的转矩有所降低;有爆震传感器进行反馈控制时,可用检测到的爆震界限,把点火时刻控制在接近爆震极限的位置,这样可以更加精确有效地控制点火时刻,以利于提高发动机的输出功率和燃油经济性。

爆震控制的结构如图9-15所示。爆震传感器安装在汽缸体上,利用压电晶体的压电效应,把爆震传到汽缸体上机械振动转换为电信号输入ECU,ECU把爆震传感器输出的信号进行滤波处理并判定有无爆震。当检测到爆震时,ECU就立即减小点火提前角,爆震强,推迟的点火提前角大;爆震弱,推迟的点火提前角小。每次调整都以一个固定的角度递减,直至爆震消灭为止。而后又以一个固定角度提前,当发动机再次出现爆震时,ECU又使点火提前角再次推迟,如此反复进行调整。

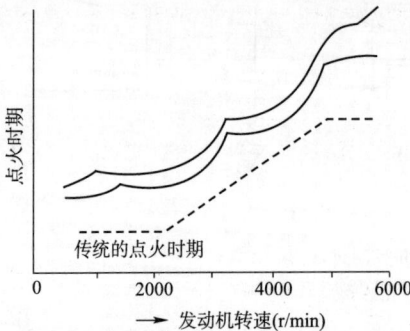

图9-14 爆震与点火时刻、发动机转速的关系

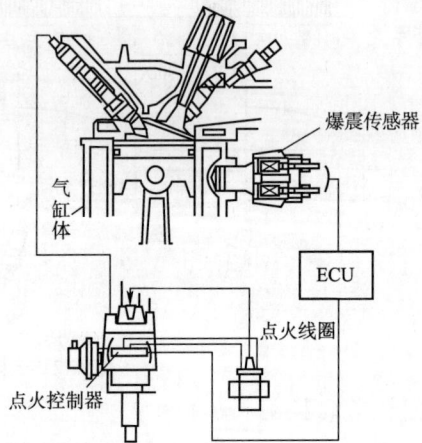

图9-15 爆震控制的结构

7.丰田卡罗拉发动机点火系统电路分析

1)点火系统电源部分

丰田卡罗拉轿车点火系统电源电路,如图9-16所示。

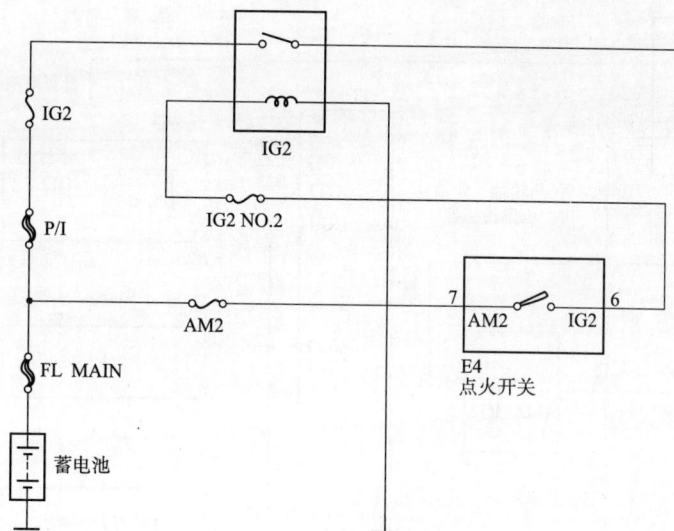

图 9-16　点火系统电源电路

结构位置如图 9-17 所示。

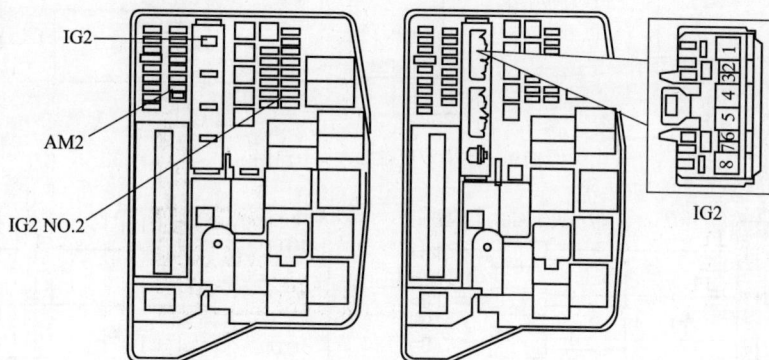

图 9-17　发动机舱继电器盒

工作原理：

（1）当点火开关置于 ON 位置时：蓄电池→FLMAIN 熔断丝→AM2→点火开关→IG2NO.2→IG2 继电器→搭铁。

（2）IG2 继电器线圈有电流流过，产生吸力闭合 IG2 继电器触点：蓄电池→FLMAIN 熔断丝→P/I→IG2→IG2 继电器→点火线圈 +B。

2）丰田卡罗拉轿车点火系统统工作原理

丰田卡罗拉轿车采用独立点火控制系统，ECM 确定点火正时并向每个汽缸发送点火正时信号（IGT），如图 9-18 所示。当 IGT 信号被断开，即初级线圈中的电流被切断时，次级线圈中产生高压电，火花塞点火。一旦 ECM 切断初级线圈电流，点火器会将点火确认（IGF）信号发送回 ECM。当 ECM 接收到 IGF 信号，便确定已点火。如果 ECM 没有收到 IGF 信号，诊断功能 DTC 被存入 ECM，并且失效保护功能使燃油喷射停止。卡罗拉轿车点火正时信号和点火确认信号波形如图 9-19 所示。

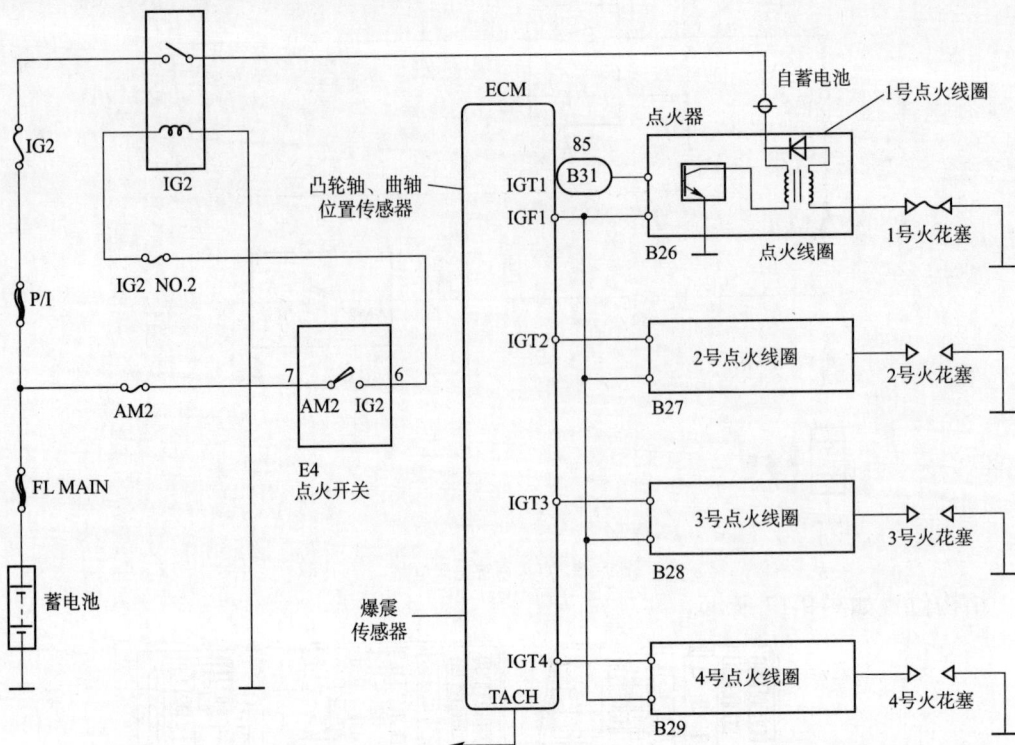

图 9-18　卡罗拉轿车点火电路图

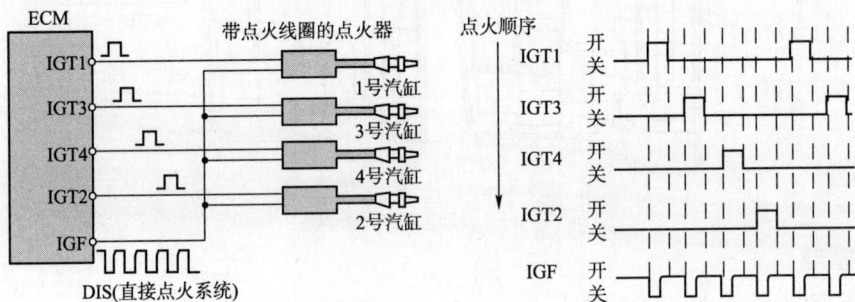

图 9-19　卡罗拉轿车点火正时信号和点火确认信号波形

三、任务准备

1. 所需的工量具及材料

(1)设备:丰田卡罗拉轿车一辆。

(2)工量具:数字式万用表、试灯、10 号 T 字杆、塞尺、解码器一台。

(3)材料:卡罗拉轿车维修手册、教材、现代汽车技术工作室、配备多媒体教学设备和课桌椅、零件车、三角木、三件套。

2. 检测流程分析

1)检测程序

读取故障码、数据流→点火线圈连接线→点火线圈元件→火花塞→ECM 连接线→ECM→恢复设备→读取故障码、数据流。

2）拆装程序

安装座椅套、转向盘套、地板垫→放置车轮挡块→打开发动机罩→安装三件套→检查油、水、电→检查外观、各插接器、各管接头→读取故障码、数据流。

四、任务实施

在进行发动机点火系统检测作业之前,应首先在车辆维修手册上找到"点火系统"这一节内容,根据维修手册的提示和说明并结合实车进行分析和探讨,制定正确合理的检测方案。在检测过程中,严格按照维修手册的规范和要求进行操作,才能保证顺利完成点火系统的检测作业,同时在维修过程中遵守7S 原则。

根据丰田卡罗拉轿车维修手册点火系统检测步骤如下。

1. 安全检查

按照表9-1 进行车辆安全检查。

车辆安全检查表　　　　　　　　　　　　　　　　　　表9-1

(1)基本检查。 ①机油液面:正常□偏低□偏高□ ②冷却液液面:正常□偏低□偏高□ ③制动液液面:正常□偏低□偏高□ ④蓄电池电压:正常□偏低□偏高□ 	(2)检查车辆仪表:打开点火开关至 ON 挡,不起动发动机,发动机故障指示灯"⊟"应亮,起动发动机,故障指示灯应熄灭

2. 读取故障码

读取故障码并进行记录,见表9-2。

读 取 故 障 码　　　　　　　　　　　　　　　　　　表9-2

(1)读取静态故障码。 ①将解码器连接到 DLC3; ②打开点火开关于 ON 位置; ③打开解码器,进入菜单,读取故障码; ④记录故障码。 (2)静态清除故障。	是否能正常清除:□能/□不能 (3)起动发动机确认故障现象。 检查故障灯是否点亮: 是□　否□ (4)起动状态读取动态故障码。 (5)清除故障码。 是否能正常清除:□能/□不能

3.点火线圈线束的拆卸与检查

点火线圈线束的拆卸与检查流程见表9-3。

点火线圈线束的拆装与检查

表9-3

(1)将点火开关置于OFF挡,依次提起发动机罩前后两端,取下发动机罩	(2)拆卸点火线圈总成:按下点火线圈线束插接器锁舌,将线束插接器向外拔出,依次断开四个点火线圈线束插接器
(3)检查各缸点火线圈线束的搭铁端子,关闭点火开关,检查点火线圈总成插接器4号端子(GND)与车身之间的电阻值应小于1Ω	(4)检查各缸点火线圈线束的电源端子:断开点火线圈总成插接器,将点火开关置于ON挡位置,测量各缸点火线圈总成插接器1号端子(+B)与4号端子(GND)之间的电压应为9~14V
(5)检查各缸点火线圈线束的点火反馈信号端子。 ①短路检查:用万用表200Ω挡测量各缸2号端子(IGF)与4号端子(GND)之间的电阻,应为10kΩ或无穷大; ②断路检查:用万用表kΩ挡测量各缸2号端子(IGF)与ECM线束端B31-81(2010年9月前产的车)或者B31-82(2010年9月后产的车)之间的电阻,应小于1Ω	(6)检查各缸点火线圈线束的点火信号端子: ①短路检查:用万用表200Ω挡测量各缸2号端子(IGF)与4号端子(GND)之间的电阻,应为10kΩ或无穷大; ②断路检查:用万用表kΩ挡测量各缸2号端子(IGF)与ECM线束端B31-82、83、84、85(2010年9月前产的车)或者B31-106、107、108、109(2010年9月后产的车)之间的电阻,应小于1Ω

4.点火线圈的拆卸与检查

点火线圈的拆拆卸与检查流程见表9-4。

点火线圈的拆装与检查　　　　　　　　　　　表9-4

（1）根据维修手册规定,选用棘轮扳手 10mm 套筒,依次拧松点火线圈固定螺栓并用手取下 注意事项:拆下点火线圈时,不要损坏发动机缸盖罩开口上的火花塞盖或火花塞套管顶部边缘 	（2）用手左右旋动点火线圈,并垂直方向拔出点火线圈,然后依次取出 4 个点火线圈 注意事项:如果点火线圈拔出困难,不要硬拔,左右多次旋动点火线圈,使火花塞与点火线圈套直接松动,然后垂直拔出点火线圈
（3）连接一个新的相同型号的火花塞。把各缸喷油器线束拔掉,防止喷油器在测试时喷油。将火花塞搭铁,起动发动机,观察火花塞是否跳火,如果跳火,则是正常的。起动发动机的时间不超过 5s。用同样的方法可以检查其他各缸的点火线圈 	

5.火花塞的拆卸与检查

点火线圈线束的拆卸与检查流程见表9-5。

点火线圈线束的拆装与检查　　　　　　　　　表9-5

（1）根据维修手册规定,选用 14 号火花塞套筒、加长杆、棘轮扳手,正确组合工具。将火花塞套筒与火花塞中心对正,然后拧松,直到火花塞螺纹完全退出后,将工具与火花塞一同取出 	（2）观察火花塞电极表面的积炭、烧蚀状况,绝缘体是否有裂缝,衬垫是否损坏

续上表

（3）火花塞的清洗：如火花塞上有积炭、积油等时，可用汽油或煤油、丙酮溶剂浸泡，待积炭软化后，用非金属刷刷净电极上和瓷芯与壳体空腔内的积炭，用压缩空气吹干，切不可用刀刮、砂纸打磨或蘸汽油烧，以防损坏电极和瓷质绝缘体 	（4）测量电极间隙，火花塞电极的标准间隙为$1.0 \sim 1.1\,mm$
（5）用万用表测量接线螺母与中心电极的电阻和侧电极的电阻应小于$200k\Omega$，b 的电阻正常是无穷大，否则应更换火花塞 	

6. 检测后恢复设备进行检验

按照拆卸的相反顺序进行安装，重新连接点火线圈插接器，重新读取故障码，用示波器读取点火波形。如就车测试无法检测故障，可拆卸相关部件，用万用表或其他仪器进行测量，流程如图9-20所示。

五、任务评价

操作能力考核评价表见表9-6。

操作能力考核评价表   表9-6

序号	考评项目	配分	技术要求考评标准	得分	扣分	备注
1	检查工具和设备	5	准备必要的工具和设备，检测工具和设备是否工作正常，未准备及检查一项扣2分			
2	正确使用工具和仪器	20	工具和仪器使用不当扣10分			

续上表

序号	考评项目	配分	技术要求考评标准	得分	扣分	备注
3	点火系统工作原理认识和维修方案的制定是否合理正确	30	认知、分析错误每处扣2分			
4	点火系统检测并正确诊断排除故障	30	拆卸/安装方法错误每项扣2分,检测方法错误每项扣2分,不按规定技术要求操作,每处扣2分			
5	遵守操作规程,正确使用工量具,操作现场整洁	10	每项扣2分,扣完为止			
6	安全用电,防火	5	因操作不当发生重大事故,此项按0分计			
7	分数总计	100				

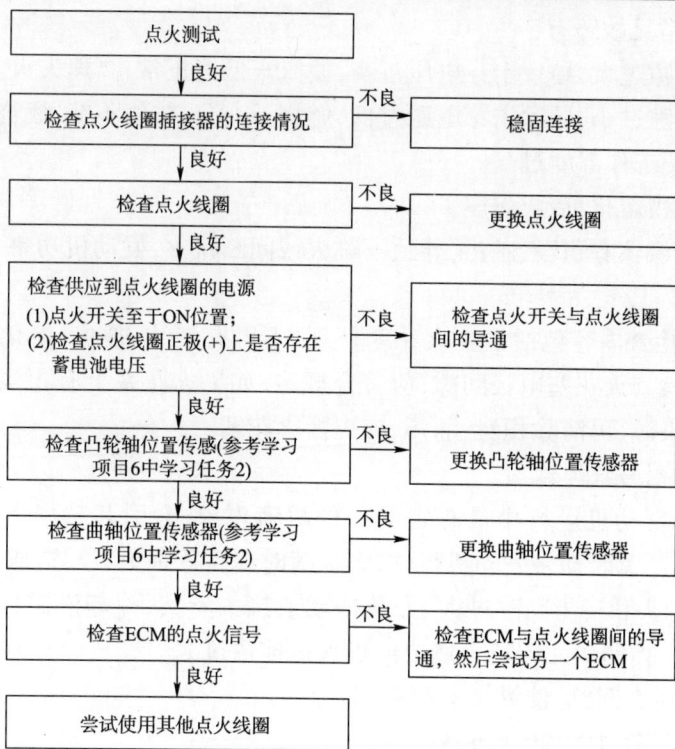

图 9-20　点火系统故障诊断流程图

六、学习拓展

1.点火线圈和点火模块故障诊断与分析

（1）故障种类主要有以下三种：

147

①绕组短路,使点火线圈产生电压过低,火花塞易积炭,造成怠速不稳。

②点火线圈断路,不产生高压电,无法点火。

③点火线圈老化,造成漏电使火花弱或不点火。

(2)检测内容:

①对点火线圈进行电阻测试,电阻值应符合标准值。

②若出现热车后故障,则应在试车中用示波器检测波形,若热车后波形发生变化,则应更换。

③用红外线测温仪或手摸点火线圈表面的温度来确定点火线圈或点火模块是否发生内部短路或断路故障。

2.火花塞故障的故障诊断与分析

(1)火花塞的使用。

①火花塞型号是否一致。

②普通火花塞和铂火花塞不能混用。

③火花塞有使用寿命,普通火花塞一般为15000km,长效火花塞为30000km左右。

(2)火花塞常见故障有:

①火花塞间隙过大,导致击穿电压过高,使汽车低速正常,高速失火。

②火花塞间隙过小,导致击穿电压过低,燃烧不充分,排气不畅,燃烧室积炭过多,造成爆震,冷却系统工作温度过高。

③火花塞电极熔化,造成爆震。

④火花塞绝缘体有积炭、脏污,导致不跳火或间断跳火,发动机功率下降,工作不稳,起动困难,甚至不工作。

(3)火花塞检查内容包括检查火花塞外观,不得有裂纹、裂痕、熔化,电极头不得变圆;用游标卡尺检查火花塞电极间隙,应符合规定;如果火花塞上有积炭和脏污,应先查明原因,排除污染源,再清除积炭、油污,或更换火花塞。

3.爆震的控制与故障诊断

爆震是汽油发动机运行中最有害的一种故障现象,会引起功率下降,排气管冒黑烟,发动机过热,严重时损害发动机机件,大负荷时爆震危害更大。造成爆震的原因有:

(1)CKPS触头和转子间隙过大、安装松动或接头不实,冷却液温传感器损坏,进气温度传感器损坏,控制单元损坏等造成的点火提前角过大。

(2)燃油品质有问题,使燃烧室产生积炭。

(3)发动机负荷过大,转速过高。

(4)其他如压缩比,混合气浓度等。

4.爆震的预防

采用爆震传感器检测发动机爆震倾向,ECM根据爆震传感器信号幅值和频率决定是否推迟点火提前角。一般诊断步骤:

(1)电阻值检查:用万用表电阻挡测量爆震传感器各端子之间电阻值,以及接线端子与传感器外壳之间电阻值,应为∞,若为 0,则应更换。

(2)电压检查:拔下爆震传感器接线端子,用万用表检查线束端子与搭铁线之间电压,应有脉冲电压输出。

(3)波形检查:连接示波器,敲击汽缸体,应出现钉状波形,敲击越重,波形越大。爆震传感器常见故障是不产生信号电压。

(4)加速检查:有故障应点亮故障指示灯。

(5)点火提前角检测:用点火正时枪检查点火提前角。

(6)路试检查:松开爆震传感器紧固螺栓,重新以 20N·m 的力矩拧紧,进行路试,看是否产生故障码。

学习项目 10   定速巡航系统的原理与检测

学习任务   定速巡航系统的原理与检测

情景描述

浙江的马先生驾驶一辆价值12万元的丰田卡罗拉轿车在高速公路上行驶,车辆采用了定速巡航,车速在110km/h左右。当准备出高速公路时,驾驶员突然发现自己不管怎么操作,车辆都没有反应,也无法减速。最后车主报警之后,在警方组织下,把车强制停止下来。

学习目标

知识目标

1. 掌握定速巡航系统的作用及工作原理;
2. 掌握定速巡航系统的类型及选用;
3. 掌握定速巡航系统的使用方法。

技能目标

1. 会使用定速巡航系统的拆装工具,知道拆装定速巡航系统的材料准备;
2. 能按维修手册要求规范检修定速巡航系统;
3. 知道检查判断定速巡航系统的好坏的方法。

学习内容

1. 定速巡航系统的工作原理及类型;
2. 定速巡航系统的功用;
3. 定速巡航系统的工作状况;
4. 定速巡航系统的检测。

建议课时

8 课时

![学习过程]

一、任务要求

1. 掌握定速巡航系统规范使用方法。
2. 掌握按照维修手册规范检测定速巡航系统。

二、资料搜集

定速巡航系统（CRUISE CONTROL SYSTEM）缩写为 CCS，又称巡航控制行驶装置、速度控制系统、自动驾驶系统等。其作用是：按驾驶员要求的速度设定之后，不用踩加速踏板就自动地保持车速，使车辆以固定的速度行驶。采用了这种装置，当在高速公路上长时间行车后，驾驶员就不用再去控制加速踏板，减轻了疲劳，同时减少了不必要的车速变化，可以节省燃料。

1. 类型

随着汽车技术的不断发展，目前定速巡航主要分为三大类：

（1）机械拉线式定速巡航器（适用于节气门控制方式，采用机械拉索式控制的车辆）。

（2）电子式定速巡航器（适用于节气门控制方式，采用电子式控制的车辆）。

（3）电子智能式多功能定速巡航系统（适用于节气门控制方式，采用电子式控制的车辆）。

传统机械式定速巡航系统，驾驶员依据路况条件选定车速，通过巡航开关启动巡航控制系统替代加速踏板控制。并根据坡道、路况对车速的影响，自动调节供油量，车辆实现自动定速行驶。按照驾驶操作规程，当踩下离合踏板进行挡位变速或踩下制动踏板时自动解除定速巡航功能，恢复加速踏板控制，不增加任何多余的操作动作。通过离合踏板、制动踏板或巡航开关三种操作方式中的任意一种方式均可解除汽车的定速巡航功能，安全、可靠。

最新电子节气门定速巡航的工作过程更加智能化和精确化，是通过定速巡航系统控制电子节气门传感器输出的信号，控制节气门开启大小的调整，来实现对车辆速度的控制。定速巡航功能开启后，定速巡航模块会通过电子节气门传感器输出的信号，精确计算为保持当前定速巡航速度，需要控制节气门开启的角度大小，从而使得空气、燃油精确配合，来达到定速巡航所设定的行驶速度，完全摒弃了传统的机械部分控制，已达到控制更精准、安全的效果，如图 10-1 所示。

电子式与拉索式定速巡航的主要区别在于：电子式定速巡航系统摒除了传统拉索式定速巡航的机械控制部分。

电子式其优势为：安全性、可靠性得到了有效地保

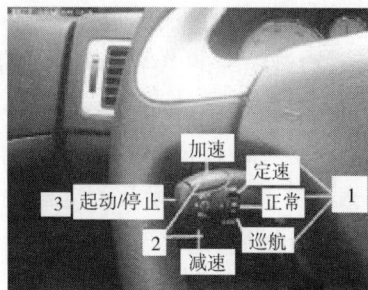

图 10-1　电子节气门定速巡航

障,完全消除了节气门失控的可能性的发生,消除了大众对定速巡航危险性的顾虑;可以实现多功能化,能够为大众增加使用性价比。其劣势为:通用型差,专车专用,开发成本高,因此普及性差。

拉索式定速巡航器主要由控制开关、控制组件(巡航 ECU)伺服器(机械执行机构)组成,是通过巡航控制模块给机械执行机构(真空泵或伺服电动机)发出指令,由执行机构机械的控制节气门的开度,来实现定速巡航功能。其优势为:通用型很强,大部分拉索式节气门的车都可以通用,开发成本低。其劣势在于:控制精确度低,有机械故障卡位的可能,安全性、可靠性稍差等。大众所谓的使用、安装定速巡航有节气门失控的危险性也是对此而言的。

由于汽车技术的发展,越来越多的拉索式节气门控制方式快速地被电子式节气门控制方式所代替。

2. 工作原理

定速巡航系统的工作原理,简单地说就是由巡航控制组件读取车速传感器发来的脉冲信号与设定的速度进行比较,从而发出指令由伺服器机械来调整节气门开度的增大或减小,以使车辆始终保持所设定的速度。电子式多功能定速巡航系统摒除了拉索式定速巡航器的机械控制部分,完全采用精准电子控制,使控制更精确,避免了机械故障的风险。

拉索式定速巡航系统主要由控制开关、控制组件(巡航 ECU)伺服器(执行机构)组成。

拉索式定速巡航系统的工作原理,简单地说就是由巡航控制组件读取车速传感器发来的脉冲信号与设定的速度进行比较,从而来调整节气门开度的增大或减小,以使车辆始终保持所设定的速度。比如,车辆上坡时速度下降,车速传感器发来的脉冲信号下降,控制组件将发指令给伺服执行机构开大相应角度的节气门来保持车速。相反,下坡时将减小节气门的开度。

另外,驾驶员可以通过操作控制开关来实现手动的加速、减速、记忆恢复等功能,通过踩下制动踏板或离合器踏板、关闭控制开关来解除定速巡航系统。

3. 基本功能

1)定速巡航功能

主要是通过巡航控制组件读取车速传感器发来的脉冲信号与设定的速度进行比较,通过精准的电子计算发出指令,保证车辆在设定速度下的最精准供油量。

2)电子节油功能

主要是通过智能优化控制节气门的开启角度与开启时间,有效屏蔽电子节气门传感器由于颠簸路段及不良驾驶习惯形成的杂乱信号,经过精确计算喷油量,使燃油得到最充分燃烧,来实现节油。

3)节气门加速功能

主要是通过提高节气门响应灵敏度实现的,当系统发现驾驶员有加速意愿时,会驱动节气门尽可能快的打开,这样就使节气门响应的敏感度得到了提高。在加速踏板被踩下时,控制器会根据踩下幅度、时间计算节气门信号的变化率,变化越快,说明加速要求越强烈,最终实现节气门响应速度更快,整车的动力感会明显增加,能够让驾驶员感觉到整车动力大大提升。

4)限速设定功能

通过控制器,根据限定的速度值,设定输出节气门信号最大值,当节气门输出信号超不过设定的最大值,来实现限制速度的目的。

5)制动故障报警功能

通过采取制动电路的信号,当制动电路或制动保险故障时,会通过警告的方式对驾驶员进行提示。

4. 使用条件

(1)原则上定速巡航要在高速公路或全封闭路上使用。因为在非封闭路上,复杂的路况不利于交通安全。在国道上,一些拖拉机动力不足,在小路口往往冲上路面,对国道上的车是严重威胁,在定速巡航的情况下,容易措手不及。反复制动也无法保持稳定的定速巡航状态,失去定速的意义。

(2)雨天禁用,雪冰天禁用。

(3)盘山路或弯路过多,要禁用。因为在弯路的情况下行驶,要适当加油提供更大的转向力。定速巡航状态下车辆自动维持车速恒定,节气门由行车 ECU 控制,往往给弯路行车带来危险。如果在这种条件下,应当适当控制车速。

(4)道路上车辆太多,也不适合定速巡航。

三、任务准备

所需的工量具及材料:

(1)设备:丰田卡罗拉轿车一辆。

(2)工量具:常用工具一套。

(3)材料:抹布等。

四、任务实施

(1)以丰田卡罗拉轿车的定速巡航操作杆为例,讲解定速巡航的操作方法。

①起动定速巡航系统,如图 10-2 所示,按下圆圈标识的按钮,巡航系统就会起动,而且在仪表台信息窗口会显示相应的标示,反之再按一下此按钮,定速巡航就会关闭,同时在仪表台信息窗口的显示也会消失。

②设置巡航速度,把定速巡航操作杆往如图 10-3 所示"－SET"所指示方向一按。举例说明,当驾驶员想把车速定在 100km/h 时,那么驾驶员首先必须把车辆

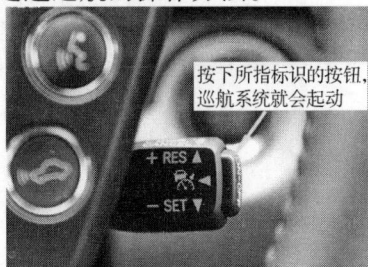

图 10-2 起动定速巡航系统

的速度开到 100km/h，当速度到达 100km/h 后按下定速巡航操作杆，此时轿车就可以以此车速持续行驶。设定巡航车速后，仍可按常规方法用加速踏板进行加速，松开加速踏板后，系统便将车速恢复至设定的巡航车速。

③如何解除巡航，当定速巡航过程中发现前方有紧急情况需要立即减速时该怎么操作呢？其实解除定速巡航有很多办法。比如手动变速器的汽车可以踩下制动踏板或离合器踏板，或按下拨杆开关的"OFF"键，即可暂时关闭系统；自动变速器：踩制动踏板或将换挡杆置于"P"、"R"、"N"、"1"位置即可暂时关闭系统。

④如何恢复定速巡航，定速巡航短暂解除后如果想恢复，可以直接将如图 10-4 所示的定速巡航操作杆向上推一下就行了，车辆会自动加速恢复到之前所设定的速度自动行驶。

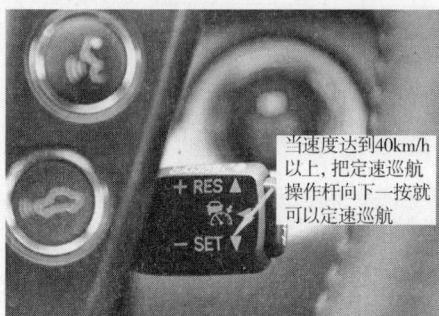

图 10-3　设置巡航速度

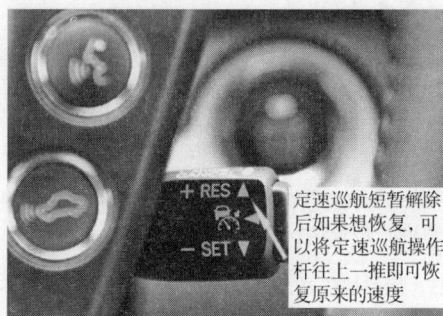

图 10-4　恢复定速巡航

⑤如何提高定速巡航速度，提高巡航车速无须踩加速踏板，向上提"定速巡航操作杆"即可提高设定的巡航车速，如图 10-5 所示。每向上提一次开关，车速提高 1.5km/h，若按住开关，则轿车将持续提高车速，一旦松开开关，当时的行驶速度被储存在存储器内。

⑥如何降低定速巡航速度，降低巡航车速则向下按"定速巡航操作杆"按钮，车速降低 1.5km/h；若按住该操作杆，轿车将持续降低车速，一旦松开操作杆，当时的行驶速度被储存在存储器内。若在车速为 40km/h 时松开"定速巡航操作杆"按钮，则存储值即被删除。如想继续定速巡航行驶，则需要重新设定巡航车速。如图 10-6 所示。

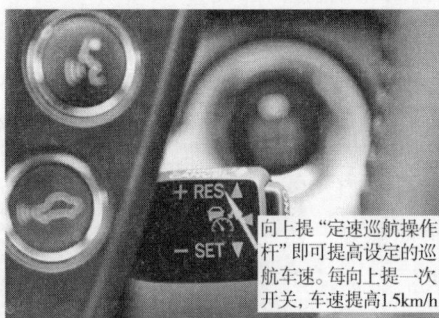

图 10-5　提高定速巡航速度

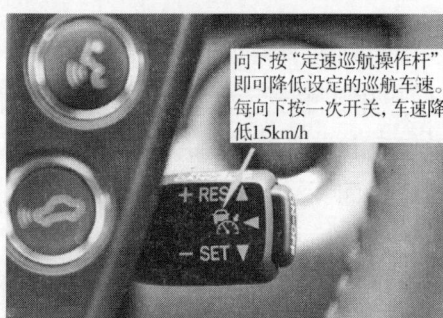

图 10-6　降低定速巡航速度

（2）就车拆检巡航控制系统的步骤见表 10-1。

就车拆检巡航控制系统步骤

表 10-1

（1）将电缆从蓄电池负极端子上断开 注意：断开蓄电池电缆后重新连接时某些系统需要初始化 	（2）拆卸转向盘 2 号、3 号下盖
（3）把长约 175mm 的螺丝刀从背面插入转向盘头部的孔中。把卡子压回去，并除去气囊单元定位钩的连锁 	（4）把转向盘向回转 180°，除去对面第二个定位钩的连锁
（5）拆下转向盘装饰盖 	（6）拆卸巡航控制主开关：断开插接器、拆下 2 个螺钉

（3）根据表 10-2 中的值测量电阻。

测 量 电 阻

表 10-2

检测仪连接	开关状态	规定状态	测量值	性能判断
A－3（ccs）—A－1（ECC）	中立位置	10kΩ 或更大		
A－3（ccs）—A－1（ECC）	加速/恢复	235～245Ω		
A－3（ccs）—A－1（ECC）	滑行/SET	617～643Ω		
A－3（ccs）—A－1（ECC）	CANCEL	1509～1571Ω		
A－3（ccs）—A－1（ECC）	主开关打开	小于 2.5Ω		

五、项目评价

对本学习任务进行评价,学习任务评价表见表10-3。

学习任务评价表   表 10-3

基本信息		学习任务　定速巡航系统的原理与检测						
	姓名		班级		学号		组别	
	考核方式		分组进行,单人操作,小组成员与教师参与考评					
基本职业能力考评		考评项目	考评标准	教师和同学评判			分值	得分
社会能力 (30分)	教师考评	考勤	是否缺勤	是		否	6	
	自评、 互评、 教师评价	团队合作	是否和谐	是		否	4	
		沟通讨论	是否积极	是		否	4	
		设备安全	有无损坏	有		无	4	
		人身安全	有无损伤	有		无	4	
		生产纪律	是否守纪	是		否	4	
		现场7S	是否遵循	是		否	4	
方法能力 (30分)	自评、 教师评价	任务工单	是否完整、 正确	完整、 正确	完整、 基本正确	不正确	15	
	教师评价	回答问题	是否正确	正确	基本正确	不正确	15	
专业能力(40分)				教师评价				

六、学习拓展

我校有一辆科鲁兹轿车定速巡航系统存在故障,请根据维修手册,对科鲁兹轿车的定速巡航系统进行检修。

学习项目11　信号灯线路故障与排除

学习任务　信号灯线路故障与排除

情景描述

　　一辆比亚迪F0轿车,车主反映:左侧转向信号灯均不亮。现需要维修技工根据维修手册相关要求,在规定时间内对转向信号灯的故障进行检测和维修,维修完成后自检交付班组长验收。

学习目标

知识目标

1. 能叙述汽车信号系统的作用与分类;
2. 能叙述汽车信号系统的基本组成、原理与控制电路。

技能目标

1. 熟悉信号系统的线路连接及电流走向;
2. 能正确的写出故障诊断程序图;
3. 能排除信号系统常见故障。

学习内容

　　1. 学习活动1——教师发布工作任务,学生以小组形式完成任务分析与检查;

　　2. 学习活动2——学生分组讨论学习汽车信号灯故障诊断知识;

　　3. 学习活动3——学生分组讨论并制订维修方案,指导教师将共性的问题集中讲述和总结,展示阶段成果;

　　4. 学习活动4——学生分组进行故障的检测与记录,并完成故障诊断与排除工作;

　　5. 评价反馈——小组总结、评价,教师点评。

建议课时

24 课时

学习过程

一、任务要求

如表 11-1 所示,请填写车辆的基本信息。

车辆基本信息   表 11-1

基本信息	车辆识别代码号		车型	
	发动机型号		行驶里程	
	生产日期		排量	
随车工具及附件状况	工具□　千斤顶□　点烟器□　备胎□　轮罩□　灭火器□			
车身外观检查	请在图上用符号记录检查结果 ×损坏　○划伤   			
故障现象				

如表 11-2 所示,请查阅相关资料,找出各类信号灯并写出名称。

查找各类信号灯   表 11-2

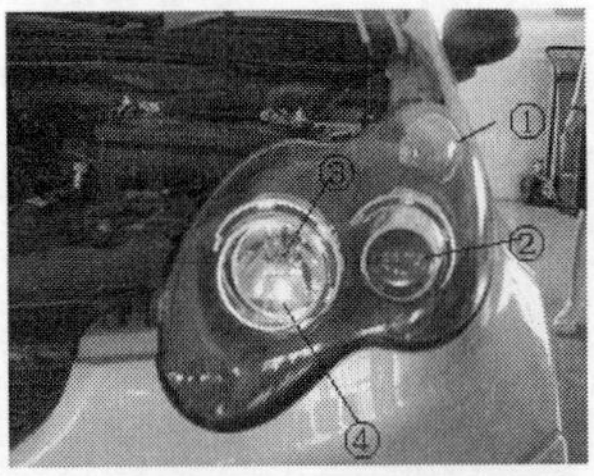

①是_____

②是_____

③是_____

④是_____

信号灯的编号有:_____

续上表

①是_____

②是_____

③是_____

④是_____

⑤是_____

信号灯的编号有:_____

查阅相关资料,写出下列信号灯的颜色、用途。

(1)转向信号灯_____

_____。

(2)应急警告灯_____

_____。

二、资料搜集

(1)信号灯的种类、特点及用途。

汽车上除照明灯外,还有用以指示其他车辆或行人的灯光信号标志,这些灯称为信号灯。

信号灯也分为外信号灯和内信号灯,外信号灯指转向信号灯、尾灯、示宽灯、倒车灯,内信号灯泛指仪表板的指示灯,主要有转向、机油压力、充电、制动、关门提示等仪表指示灯,见表11-3。

信号灯的种类、特点及用途　　　　　　　　　　表11-3

种类	外信号灯					内信号灯	
	转向信号灯	示宽灯	停车灯	倒车灯	制动灯	转向指示灯	其他指示灯
工作时的特点	琥珀色交替闪亮	白或黄色常亮	白或红色常亮	白色常亮	红色常亮	蓝色闪亮	白色常亮
用途	告知路人或其他车辆将转弯	标志汽车宽度轮廓	标明汽车已经停驶	告知路人或其他车辆将倒车	表示已减速或将停车	提示驾驶员车辆的行驶方向	提示驾驶员车辆的状况

(2)各信号设备的功能不同,其具体的工作原理也不尽相同,因此在具体的检修过程中,了解各信号设备或相关元件的工作过程是必需的。

①转向信号灯控制电路。转向信号的电路一般包括转向信号灯开关、左右的车前转向信号灯、车后转向信号灯、车侧转向信号灯及转向指示灯、闪光器、熔断丝、点火开关

等,如图 11-1 所示。

当转向信号灯开关向左/右移动时,电流经蓄电池正极→点火开关→闪光器→转向信号灯开关→左/右侧转向信号灯及指示灯→搭铁。因闪光器的作用,使灯泡以 60 ~ 120 次/min 的速率不断闪烁,以警告其他驾驶员及行人。若其中一个灯泡烧坏时,转向信号灯闪烁的周期变短,驾驶员可立即发现问题。

汽车的转向信号灯开关包含在灯光组合开关内,用来控制转向信号灯电路的通断。其结构如图 11-2 所示,转向信号灯开关有 L、OFF 与 R 三个位置。

转向信号灯开关均为自动复原式,开关向顺时针方向扳动时为右转,向逆时针方向扳动时为左转,当汽车转弯后,转向盘开始回转时,开关自动复原至 OFF 位置,驾驶员不必在转弯后再将开关拨回。

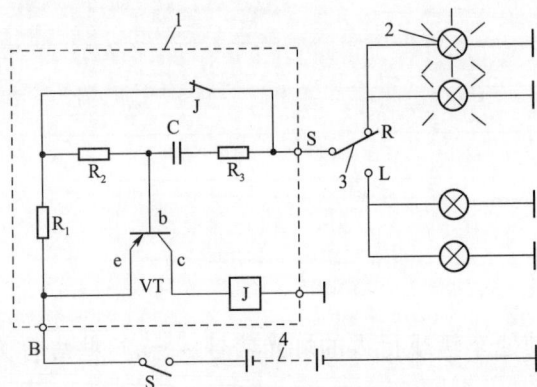

图 11-1　转向信号灯控制电路

1-闪光器;2-转向信号灯;3-转向开关;4-蓄电池

图 11-2　转向信号灯开关

②危险警报灯工作过程。危险警报灯的作用:车辆在路面上遇到紧急情况需要处理时,按下危险警报灯开关,全部转向信号灯同时闪烁,提醒后方车辆避让,危险警报灯控制开关如图 11-3 所示。

危险警报灯电路如图 11-4 所示。危险警报灯电路与转向信号灯电路共用车前与车后的转向信号灯、车内的转向指示灯及闪光器。但两者的功能不同,转向信号灯为单侧转向信号灯闪亮,作为转向指示用,危险警报灯为所有转向信号灯均同时闪亮,作为危险警报用;另外危险警报灯不经点火开关控制,只要压下开关,车外的转向信号灯及车内的转向指示灯均同时闪烁。

当按下危险警报灯开关时,电流经蓄电池正极→危险警报灯开关→闪光器→左、右侧转向信号灯及指示灯→搭铁。

③制动灯信号装置。制动灯安装在车辆尾部,当其工作时,通知后方车辆该车正在减速。制动灯电路不受点火开关控制。如图 11-5 所示。

当按下制动开关时,电流经蓄电池正极→熔断丝→制动灯开关→制动灯→搭铁。

④倒车信号灯及其电路。汽车倒车信号电路如图 11-6 所示。将变速杆挂入倒挡时,倒挡开关接通了倒车报警器和倒车电路,从而发出声光倒车信号。

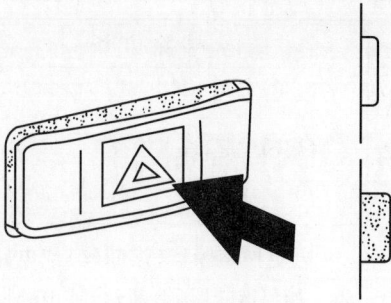

图 11-3　危险警报灯开关

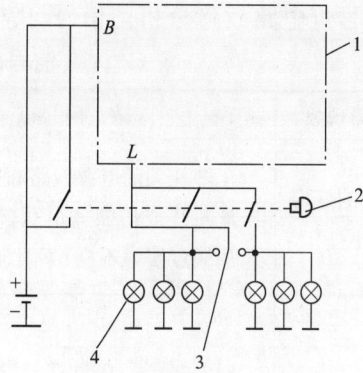

图 11-4　危险警报灯电路

1-闪光继电器;2-危险警报灯开关;3-转向信号灯开关;4-转向信号及指示灯

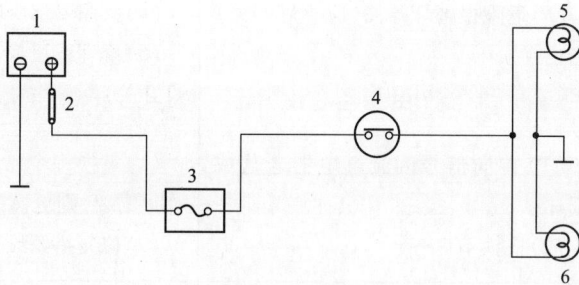

图 11-5　制动灯电路

1-蓄电池;2-熔断丝;3-熔断丝盒;4-制动灯开关;5-右制动灯;6-左制动灯

　　倒车报警器有倒车蜂鸣器和倒车语音报警器两种,它是一种间歇发声的音响装置,发音部分是一只小功率电喇叭,控制电路是一个由无稳态电路(即多谐振荡器)和反相器组成的开关电路。图 11-7 所示为倒车蜂鸣器电路。IC1 是储存有语音信号的集成电路,集成块 IC2 是功率放大集成电路,稳压管 VD 用于稳定语音集成块 IC1 的工作电压。为防止电源电压接反,在电源的输入端使用了四个二极管组成的桥式整流电路,这样无论它怎样接入 12V 电源,均可保证电路正常工作。

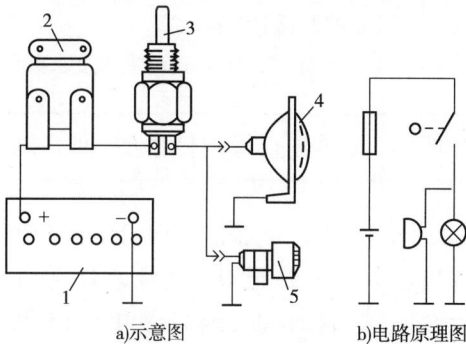

a)示意图　　b)电路原理图

图 11-6　汽车倒车信号电路

1-蓄电池;2-插片;3-开关;4-倒车灯;5-蜂鸣器

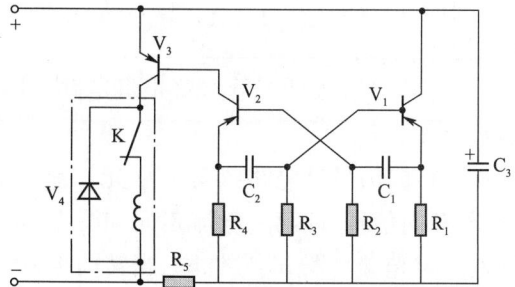

图 11-7　倒车蜂鸣器电路

(3)信号灯电路故障分析。信号灯常见故障见表11-4。

信号灯常见故障　　　　　　　　　　　　　　　　表11-4

序号	故障现象	故　障　点	排　除　方　法
1	所有的灯均不亮	车灯开关前电源线路断路或搭铁熔断丝断开或熔断丝熔断,灯开关双金属片触点接触不良、不闭合或损坏	自熔断丝起,逐点检查
2	危险报警灯不闪	(1)熔断器(熔断丝)烧断; (2)闪光继电器损坏; (3)转向信号系统松动或接触不良; (4)电路开路(断路); (5)危险报警灯开关(应急灯开关)老化或损坏	(1)更换熔断器(熔断丝)或电路断电器。如果熔断器(熔断丝)或电路断电器再次熔断,检查是否短路; (2)换用一个已知是好的闪光继电器; (3)修理转向信号系统; (4)按照要求修理; (5)修理或更换危险报警灯开关(应急灯开关)
3	转向信号灯亮但不闪	(1)转向信号闪光继电器老化或损坏; (2)搭铁不良	(1)替换一个已知是好的闪光继电器。如果需要,则更换; (2)修复搭铁线
4	前转向信号灯不亮	电路插接器松脱或开路	按照要求修复电路
5	转向信号灯不亮	(1)熔断器(熔断丝)或电路断电器烧断; (2)转向信号闪光器老化或损坏; (3)导线连接松脱; (4)电路开路或搭铁不良; (5)转向信号灯开关损坏	(1)更换熔断器(熔断丝)或电路断电器。如果熔断器(熔断丝)或断电器再次熔断,检查有无短路; (2)替换一个已知是好的闪继电器光器。如果需要,则更换; (3)在接触及的地方卡紧连接处; (4)按照要求修复; (5)检查开关总成的连通性,按要求更换

(4)转向信号灯与危险警报灯电路如图11-8所示,请通过查阅维修手册,回答以下问题。

①转向信号灯电路状态。灯光控制开关移动到左转向信号灯位置时,闪光继电器打开,转向信号灯闪亮,电流走向如图11-8所示:当点火开关开至 ON 挡位,IG1 号针脚供电给闪光继电器 IG 号针脚,当转向控制开关打至左转向挡位时,闪光继电器 13 号针脚与 WC2-1 搭铁线接通,给予闪光继电器芯片一个负触发信号,闪光继电器工作,闪光继电器 16 号针脚输出电流,左转向信号灯闪亮。

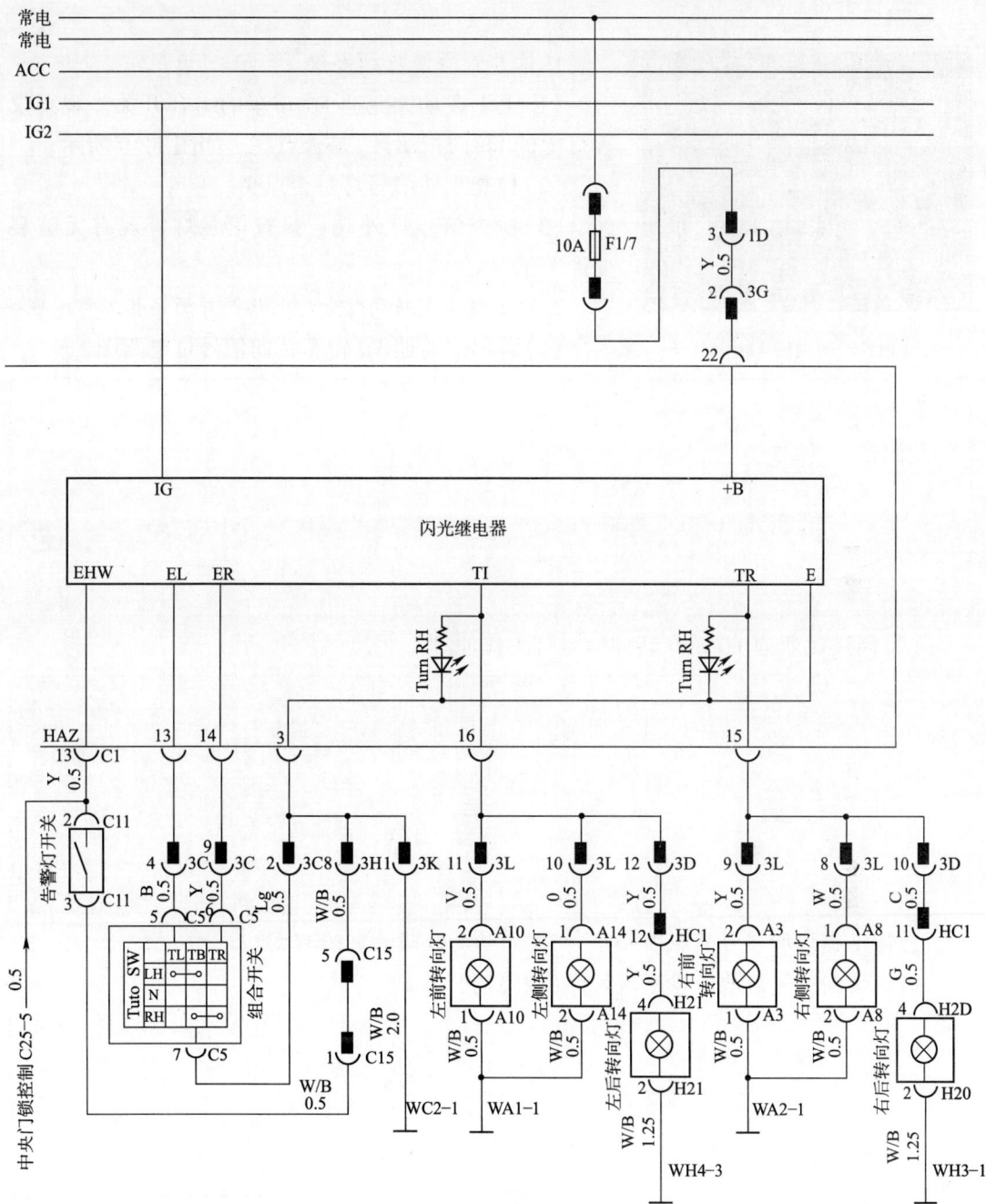

图 11-8　转向信号灯、危险警报信号灯电路图

②危险警报灯电路的电流走向。电流由蓄电池正极经过 F1/7 熔断丝供电给闪光继电器 22 号针脚,当报警灯开关接通,HAZ 号针脚与 WC2－1 搭铁线接通,给闪光继电器芯片一个负触发信号,闪光继电器工作,15 号与 16 号针脚输出电流,危险警报灯点亮,电流走向如图 11-8 所示。

三、任务准备

图 11-9　转向信号指示灯

1. 信号灯检修基础知识

(1)上下拨动比亚迪 F0 轿车的组合开关。观察仪表灯上的"转向指示灯"是否点亮。如图 11-9 所示。

(2)检查车外信号灯是否点亮。

(3)检查信号灯外观。检查信号灯外观有无破裂变形等情况。

2. 画出该车型转向信号灯电路图并简述其工作原理

(1)画出比亚迪 F0 轿车转向信号灯电路图。

(2)简述比亚迪 F0 轿车转向信号灯工作原理。

3. 请根据您所学习的原理知识,制定正确的故障诊断流程图

画出转向信号灯故障诊断流程图(故障树)。

四、任务实施

1. 信号灯电路检查

(1)检查左转向信号灯电源线、搭铁、线束连接。

①使用万用表,检查转向信号灯电源的电压,如图
11-10 所示。

②检查搭铁线的性能。

③检查线束连接。使用万用表测量转向信号灯线
路插接器与闪光继电器 16 号端口的导通性。

(2)检查灯泡的性能。

①如图 11-11 所示,检查灯泡是否有发黑;灯丝是
否有烧断;触点是否有折断、烧蚀等现象。

图 11-10 转向信号灯线路插接器

②如图 11-12 所示,使用万用表的电阻挡检查灯泡的电阻。一般转向信号灯的电阻
为 0.5Ω 左右。

图 11-11 检查灯泡

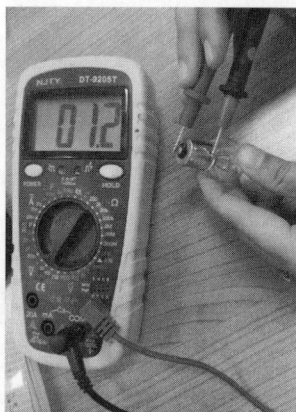

图 11-12 测量灯泡的电阻

(3)检查转向信号灯开关、危险警报灯开关的性能。

①打开左转向信号灯开关,检查转向信号灯开关 13 号针脚与 4/3C 号针脚的导通
性,如图 11-13 所示。

②打开危险警报灯开关,检查危险警报灯开关 2/C11 号针脚与 13/C1 号针脚的导
通性,如图 11-14 所示。

图 11-13 转向信号灯开关线路插接器

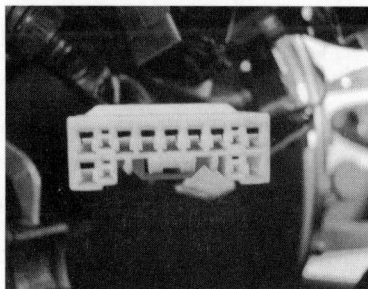

图 11-14 闪光继电器线路插接器

(4)更换闪光继电器。若确定是闪光继电器的故障,需要更换整个仪表总成。

(5)根据测量结果填写表 11-5,找出故障点及解决的方法。

故障查找数据记录表 表11-5

部件	测量点	颜色	电压值	电阻值	试灯亮的情况	标准	结论
转向灯	电源线						
	搭铁线						

2. 故障原因分析

故障原因是：_____

_____

_____ 。

判断依据是：_____

_____

_____ 。

3. 拓展问题

危险警告信号灯均都不亮,请找出故障原因,并写出诊断流程：

_____

_____

_____

_____

_____

_____

_____

五、任务评价

1. 学习地点

一体化实训室。

2. 学习准备

汽车维修手册、汽车使用手册、互联网资源、车辆、电气维修用工量具、多媒体设备。

3. 学习过程

（1）以小组的形式,讨论交流,并制作出灯光系统故障检测与维修的演示文稿,然后向全班同学进行汇报,展示小组的学习成果。

（2）根据小组的工作过程及所搜集的各种信息资料,以小组的形式,讨论交流,制作出一份关于灯光系统检测与维修的流程及注意事项的小报,然后向全班同学进行汇报,展示小组的学习成果。参考同学们的意见,修改本小组维修的流程及注意事项,提交本次学习的成果。

4. 自我评价

（1）通过本次学习,我学到的知识点有：_____

不理解的有：_____

(2)我对课程的意见或建议是：_____

_____

(3)我希望改进的地方是：_____

_____

5.考核标准

对本学习任务进行评价,学生技能考核评价表见表11-6。

技能考核评价表　　　　　　　　　　表11-6

序号	操作步骤	操作内容	配分	评分标准	扣分	得分
1	准备工作	(1)准备工量具及材料; (2)检查试灯; (3)检查万用表; (4)检查车辆安全情况及三件套	8	未做一项扣2分		
2	检查灯光系统工作情况,观察故障现象	(1)开转向信号灯; (2)开危险警报灯	6	(1)未做一项扣3分; (2)操作不正确扣2分		
				(1)未做一项扣3分; (2)操作不正确扣2分		
3	查找故障部位	(1)按诊断程序检测线路; (2)正确使用工量具	30	(1)未按照操作步骤检查扣15分; (2)方法不当扣10分; (3)工量具使用不当每次扣2分		
4	判断故障原因	查明故障原因,填写《故障诊断记录表》	10	(1)未填写《故障诊断记录表》扣10分; (2)判断错误扣5分		
5	排除故障	按技术要求检修或更换故障元件	30	(1)不能排除扣30分; (2)每有一个灯不亮扣10分; (3)自制一处故障扣10分		
6	开灯检查	排除故障后,灯光全部正常	8	不进行验证扣8分		

序号	操作步骤	操作内容	配分	评分标准	扣分	得分
7	安全文明操作	工装整洁	3	工装不整洁扣3分		
		操作完毕,清洁和整理工量具	5	(1)未做扣5分; (2)损环线路、设备扣50分		
8	合计		100			

六、学习拓展

转向信号灯闪烁的频率由闪光器控制。常见的闪光器有电热式、电容式、电子式三种。

_____式闪光器结构简单,但闪光频率不够稳定,使用寿命短,已被淘汰。

_____式闪光器闪光频率稳定。

_____式闪光器性能稳定、可靠等优点,故都被广泛应用。

1. 电容式闪光器

电容式闪光器的结构原理如图11-15所示。

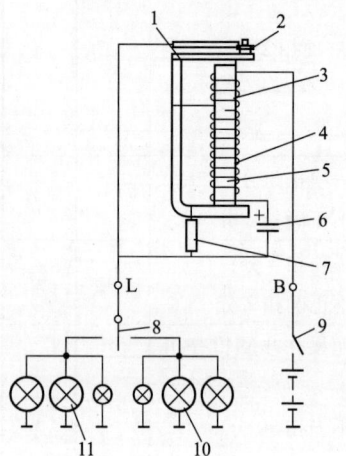

图11-15 电容式闪光器的结构原理
1-弹簧片;2-触点;3-串联线圈;4-并联线圈;5-铁芯;6-电容器;7-灭弧电阻;8-转向开关;9-电源开关;10-右转向信号灯;11-左转向信号灯

接通转向开关(以左转向信号灯说明),电流从蓄电池"＋"极→_____→线圈→_____→接线柱L→_____→左转向信号灯和指示灯→搭铁→蓄电池"－"极。

2. 电容器充电回路

当线圈吸合时,触点弹开,(此时电流通过线圈3产生的电磁吸力大于弹簧片1的作用力)。蓄电池向电容器充电。

蓄电池"＋"极→_____→接线柱B→_____→_____→电容器→L→转向开关→_____→搭铁→蓄电池"－"极形成回路。

由于线圈电阻较大,充电电流很小,不能使转向信号灯点亮,故转向信号灯此时仍处于不亮状态。同时充电电流通过线圈产生的电磁吸力方向相同,使触点继续打开。随着充电时间延长,电容器两端电压逐渐升高,充电电流逐渐变小(线圈回路趋向于零),线圈3和线圈4的电磁力减小,使触点重新恢复闭合,转向信号灯点亮。

电容器→_____→_____→电容器形成闭合回路。

放电电流通过线圈4时产生的磁场方向与线圈3的方向相反,抵消线圈3的电磁吸力,电磁吸力减少,故触点仍保持闭合,转向信号灯继续点亮。

随着电容器的放电时间延长,电容器两端电压逐渐下降,其放电电流减小,则线圈3的电磁吸力增强,触点被吸合重新打开,转向信号灯不亮。如此反复,触点不断的开闭使转向信号灯闪光。

学习项目 12　照明灯线路故障诊断与排除

学习任务　照明灯线路故障诊断与排除

情景描述

车主反映：一辆比亚迪 F0 轿车，行车途中，近光灯不亮。维修技师根据车主的描述检查此车出现的故障，根据故障现象，各维修小组根据工作要求完成任务。

学习目标

知识目标

1. 掌握照明系统的组成、特点及控制过程；
2. 掌握照明系统的控制电路及工作过程；
3. 能够正确分析照明系统的电路图。

技能目标

1. 能熟练地使用万用表、试灯检测线路；
2. 能熟练地对汽车照明系统线路进行检测并排除系统常见故障；
3. 操作过程中要保持场地整洁及工量具有序放置，养成良好的职业素养，操作完毕能清洁工量具及操作场地。

学习内容

1. 学习活动 1——确认汽车照明灯线路的故障现象；
2. 学习活动 2——学生分组讨论学习汽车照明灯故障诊断知识；
3. 学习活动 3——学生分组讨论并制订维修方案，指导教师将共性的问题集中讲述和总结，展示阶段成果；
4. 学习活动 4——学生分组进行故障的检测与记录，并完成故障诊断与排除工作，完成工作页的填写；
5. 评价反馈——小组总结、评价，教师点评。

建议课时

40 课时

学习过程

一、任务要求

如表 12-1 所示,请填写车辆的基本信息。

车 辆 基 本 信 息　　　　　　　　　表 12-1

基本信息	车辆识别代码		车型	
	发动机型号		行驶里程	
	生产日期		发动机排量	
随车工具及附件状况	工具□　千斤顶□　点烟器□　备胎□　轮罩□　灭火器□　（有:打√　无:打×）			
车身外观检查	在图上用符号记录检查结果×损坏　○划伤			
客户的故障现象描述（检查确认故障现象）				

如图 12-1、图 12-2 所示,查阅相关资料,找出各类照明灯并写出名称。

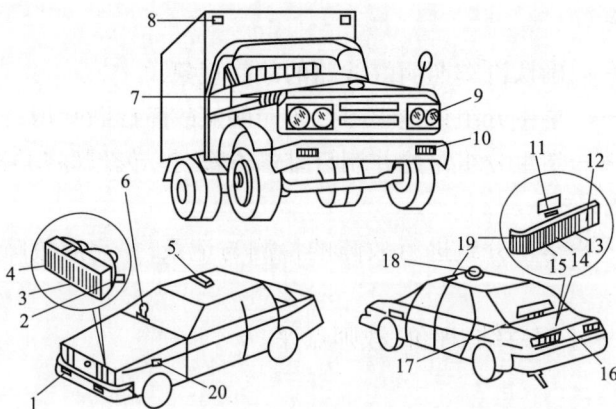

图 12-1　汽车外部照明灯

汽车灯具按功能分为_____和_____；

按安装位置分为_____和_____。

如图 12-1 所示,外部照明灯有哪些?

_____

_____。

如图 12-2 所示,内部照明灯有哪些? _____

_____。

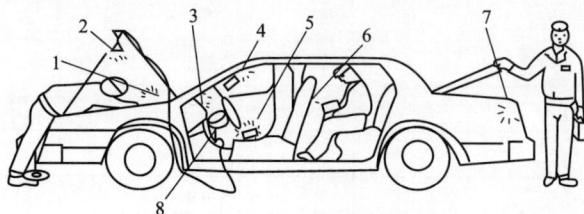

图 12-2 汽车内部照明灯

目前车辆上多采用组合式变光开关,安装在_____下方,便于驾驶员操作。根据实车上的组合式变光开关图(图 12-3),填写图中的组合式变光开关各部分名称。

_____

_____

_____

_____。

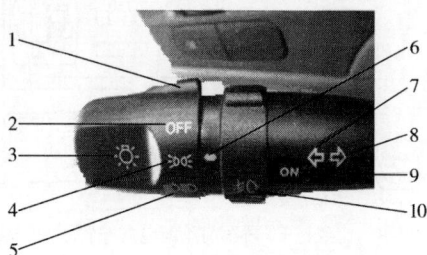

图 12-3 汽车组合式变光开关

通过对组合式变光开关的实际操作后,完成下列内容的填空:

转动开关端部 I 挡可接通_____; II 挡可接通_____;将开关向下压,便由接通_____变接通_____;向上提也是接通_____,此位置用来作为_____;将开关向前、后拨动,用来控制_____。

二、资料搜集

1. 比亚迪 F0 轿车的灯泡功率(表 12-2)

2. 比亚迪 F0 轿车前舱配电盒(继电器及熔断丝)

比亚迪 F0 轿车前舱配电盒如图 12-4 所示,实物图如图 12-5 所示。

比亚迪 F0 轿车灯系的灯泡功率　　　　　　表 12-2

灯　泡	W(瓦特)	型号
前照灯(近光)	55	H1
前照灯(远光)	55	H1
前雾灯	55	H11
前位置灯	5	W5W
前转向信号灯	21	PY21W
侧转向信号灯	5	WY5W
后转向信号灯	21	PY21W
倒车灯	21	P21W
后雾灯	21	PR21W
高位制动灯	5 * 4	W5W
牌照灯	5	W5W
阅读灯	5	W5W
制动灯/后位置灯	21/5	P21/5W

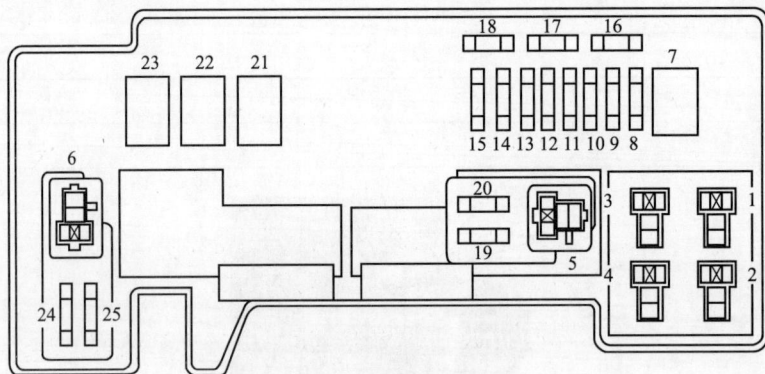

图 12-4　比亚迪 F0 轿车前舱配电盒布置图及说明

1-电喇叭继电器;2-油泵继电器;3-冷却风扇继电器;4-电喷主继电器;5-A/C 电磁离合继电器;6-前雾灯继电器;7-前照灯(40A);8-AM2(30A);9-前雾灯(15A)(装有时);10-电喷控制(30A);11-DOME(15A);12-空位;13-空位;14-警示灯(10A);15-电喇叭(10A);16-备用熔断丝(30A);17-备用熔断丝(15A);18-备用熔断丝(10A);19-左前近光灯(10A);20-左前近光灯(10A);21-冷却风扇(30A);22-空位;23-ABS(60A)(装有时);24-右前近光灯(10A);25-右前远光灯(10A)

图 12-5　比亚迪 F0 轿车前舱配电盒实物图

3. 比亚迪轿车线束颜色代号

比亚迪轿车线束颜色代号见表 12-3。

4. 比亚迪轿车的接线端子符号及插接器的含义

对于插接器,按照阿拉伯数字对每条线束上的插接器进行排序。例如 A1、A2、A3、…、A16。对互连插接器采取用不同线束字母代码组合后加数字的形式。例如 CA1、CA2、CH1。

比亚迪轿车线束颜色代号　　　　　表 12-3

代号	颜色	代号	颜色
B—Black	黑	O—Orange	橙
BL—Blue	蓝	G—Green	绿
R—Red	红	Y—Yellow	黄
Br—Brown	棕	Gr—Gray	灰
W—White	白	P—Pink	粉红
V—Violet	紫色		

在特殊插接器如 3A、3B、1D、1H 当中,1 表示前舱配电盒,3 表示仪表配电盒,后边的字母表序号。

搭铁使用"W＋线束代码＋数字"的形式表示,例如 WA1,WC1。

继电器用"数字＋字母序号"表示。例如 1M、1N、5A、5B,其中 1 表示位于前舱配电盒,5 表示位于左 A 柱仪表台管梁下,字母表示序号。例外情况:1Q 近光灯继电器,位于前舱右前减振支座旁;C33 电动窗继电器,位于左 A 柱管梁前方。

熔断丝用"字母＋配电盒编号/数字"形式表示。例如 F1/7,F 为 Fuse 的缩写,其后的数字 1 代表前舱配电盒,2 代表仪表配电盒,斜线后的数字 7 为熔断丝编号。

5. 比亚迪轿车照明电路的电路走向

(1)近光灯状态。灯光控制开关移动到"HEAD(LOW)"位置时,前照灯继电器打开,近光灯点亮,电流走向如图 12-6 所示:电流由蓄电池(发电机)的正极→经过熔断丝 1/13 后分两路:一路由前照灯继电器的线圈→组合开关的 12 号针脚进、11 号针脚出→搭铁。另一路由前照灯继电器的开关→分别经过熔断丝 F1/5、F1/11→左右前照灯的近光灯灯丝(LOW)→搭铁。

(2)远光灯状态。当灯光控制开关移到"HEAD(HIGH)"位置时,远光灯点亮,同时电流从前照灯(远光灯)流到远光指示灯,指示灯亮,如图 12-6 所示:电流由蓄电池(发电机)的正极→经过熔断丝 F1/13 后分两路:一路经过熔断丝 F1/6→左前照灯远光灯灯丝(HI)后再分两路:一路进入组合仪表板中的远光指示灯→搭铁。一路与从熔断丝 F1/12→右前照灯远光灯灯丝(HI)出来的电路汇合后进入组合开关的 9 号针脚进、11 号针脚出((HIGH 挡)→搭铁。

(3)前照灯闪光状态。灯光控制开关移动到"FLASH"位置时,远光灯点亮,电流走向如图 12-6 所示:电流由蓄电池(发电机)的正极→经过熔断丝 F1/13 后分两路:一路经过熔断丝 F1/6→左前照灯远光灯灯丝(HI)后再分两路:一路进入组合仪表板中的远光指示灯→搭铁。一路与从熔断丝 F1/12→右前照灯远光灯灯丝(HI)出来的电路汇合后进入组合开关的 9 号针脚进、11 号针脚出(FLASH 挡)→搭铁。

6. 熟知前照灯诊断故障关键点

前照灯、示宽灯系统电路主要由蓄电池、点火开关、熔断丝、继电器、车灯开关及变

蓄电
蓄电
ACC
IG1
IG2

40A PI/13

1 1A

L 3.0

IQ 大灯继电器
R 2 0.5 5
B 0.5 1 3

发动机控制 BA1-5

B 0.5
12 AC2

B 0.5
12 C5

组合开关

HF

	+B	T	AP	BL	M
OFF					
Tail					
Head					

	ED	HL	EL	MD
Plash				
Lew				
High				

HD
11 C5
W/B 1.25
1 3C

1 3C
W/B 2.0
WC2-1

HW
9 C5
P L25

R 0.25 B 0.25   R 0.25 B 0.25

F1/5 F1/6   F1/11 F1/12
10A 10A   10A 10A

B 0.25 B 0.25 B 0.25 B 0.25

左前组合灯 右前组合灯
LOW HIGT   LOW HIGT
A163 A16 A1 A1

W/B 0.25 W/B 0.25
A16 A1
WA1-4 WA2-2
G 0.25 P 0.25
9 3G 10 3G
组合仪表-24
5 3G

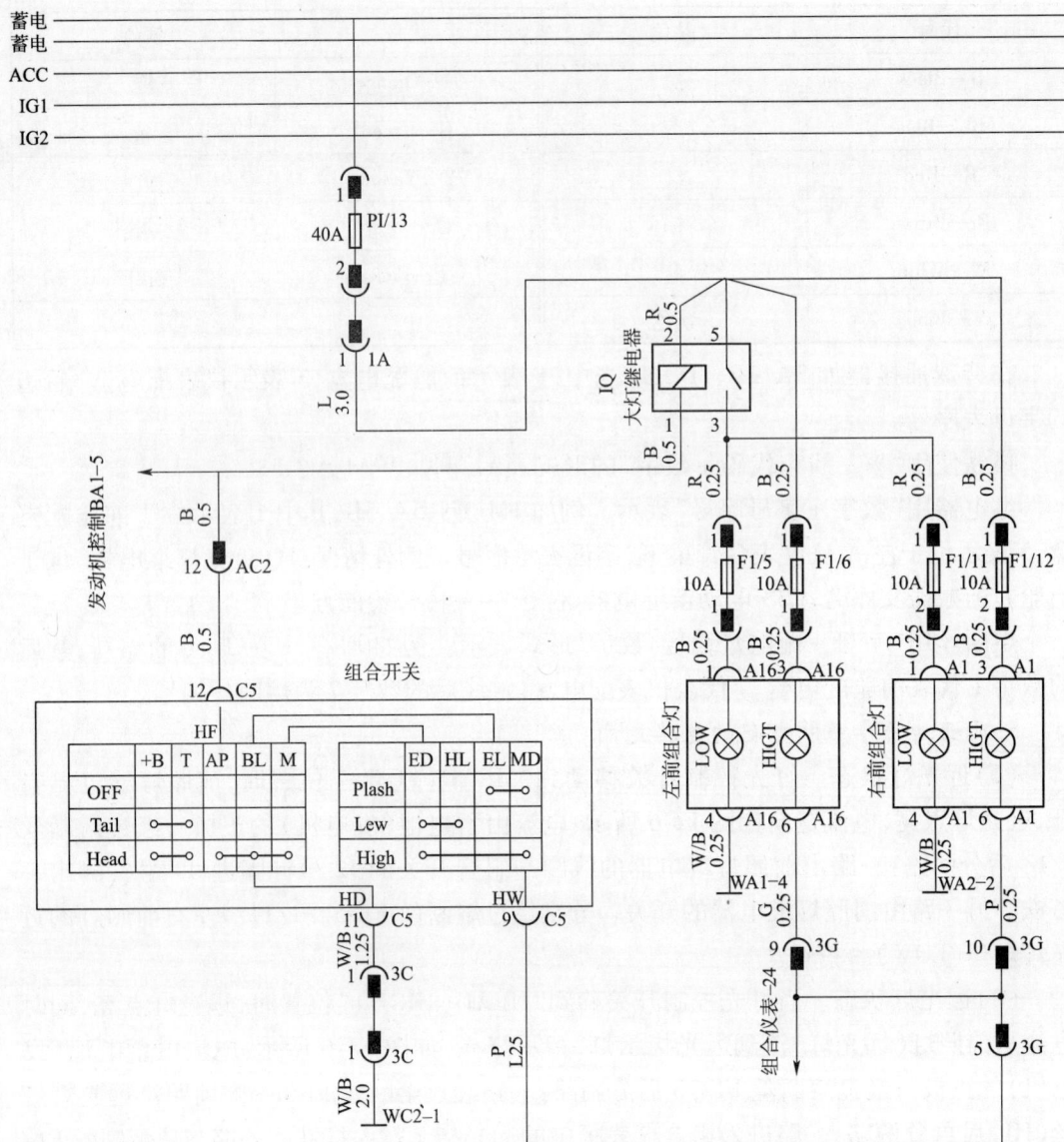

图 12-6 前照灯线路图

光/超车灯开关、灯泡及连接它们的导线组成。前照灯查找故障关键点在灯光总熔断丝 F1/13 及熔断丝 F1/6、F1/12(远光灯)和熔断丝 F1/5、F1/11(近光灯),如果检查总熔断丝的电压为 0V,应往前查点火开关和电源;如果检查远、近光灯的熔断丝的电压为 0V,则应往前查点火开关和电源、继电器、灯光总熔断丝,如果检查远、近光灯的熔断丝的电压为蓄电池电压,则应往后查变光开关、车灯开关、插接器、插头、插座、灯泡、灯座和搭铁线等。

7. 前照灯、示宽灯系统常见故障与排除

前照灯、示宽灯系统常见故障原因与排除方法见表 12-4。

前照灯、示宽灯系统常见故障原因与排除方法　　　　表 12-4

序号	故障现象	故障原因	故障排除
1	接通灯开关时，熔断丝立即跳开，或熔断丝立即熔断	线路中有短路、搭铁处	找出搭铁处加以绝缘
2	灯泡经常烧坏	发电机输出电压过高	更换调节器
3	所有的灯均不亮	车灯开关前电源线路断路、搭铁熔断器断开、熔断丝已熔断、车灯开关双金属片触点接触不良、不闭合或损坏	自熔断器起，逐点检查
4	前照灯灯光暗淡	电压过低（蓄电池电不足或发电机有故障）、配光镜或反射上积有灰尘、接头松动或锈蚀使电阻增大	对蓄电池充电、检修发电机、拆开前照灯进行清洁、拧紧或清除锈蚀
5	变光时有一前照灯不亮	不亮前照灯的灯丝烧断、接线板到灯泡的导线断路、灯泡与灯座接触不良	更换灯泡检查并接好清除污垢，使接触良好
6	两边前照灯的亮度不同	灯光暗淡一侧的前照灯的灯头接触不良或锈蚀，使接触电阻增大；灯光暗淡一侧的前照灯的反射镜发生了氧化或积有灰尘	使搭铁良好，拆开前照灯进行清洁，更换灯泡，拧紧或清除锈蚀
7	前照灯不亮	如果喇叭能响，除前照灯外其他车灯都能正常发亮，说明故障可能是前照灯电路短路、接线柱松脱、灯丝脱落、熔断丝断开、继电器损坏、开关损坏等	自熔断器起，逐点检查前照灯电路
8	前照灯无近光或无远光	如果前照灯只有远光而无近光，或只有近光而无远光，说明故障可能是前照灯双丝灯泡中某灯丝已被烧断，远、近光电路中存在有断路、变光开关损坏等	重新接好更换灯泡，逐点检查前照灯电路
9	前照灯突然失控	如果前照灯远光突然变暗不聚光，仪表盘上远光指示灯在变光开关打到近光时仍然发亮，全车前照灯灯光突然失控，说明近光灯丝已被烧断，并与远光灯丝串联在一起了，这时应更换前照灯灯泡	重新接好更换灯泡
10	两只示宽灯泡均不亮	车灯开关到示宽灯的导线断路、灯丝烧断	重新接好更换灯泡
11	一只示宽灯泡不亮	示宽灯接线板到前位灯接线断路、灯丝烧断、搭铁不良	重新接好更换灯泡，使搭铁良好
12	尾灯不亮	示宽灯接线板到示宽灯接线断路、灯丝烧断、搭铁不良	重新接好更换灯泡，使搭铁良好

提示:当车辆在雨天行驶或是洗车后灯罩被弄湿时,诸如前照灯之类的外部灯光的灯罩内侧会暂时起雾。就像在雨天风窗玻璃要起雾一样,这种起雾是由于灯罩内侧和外侧之间的温差而引起的,因而不是故障。但是,如果在灯罩的内侧有较大的水滴或是在灯的内侧有积水,则须与比亚迪轿车授权服务店联系。

8. 汽车线路故障诊断与检修的注意事项

维修汽车电气系统的首要原则是不要随意更换导线或电器,这种操作有可能因短路、过载而引起火灾。同时还应注意以下各项:

(1)拆卸蓄电池时,应先拆下负极(−)电缆;装上蓄电池时,最后连接负极(−)电缆。拆下或装上蓄电池电缆时,应确保点火开关或其他开关都已断开,否则会导致半导体元器件的损坏。切勿颠倒蓄电池接线柱极性。

(2)更换烧坏的熔断丝时,应使用相同规格的熔断丝。使用比规定容量大的熔断丝会导致电气损坏或产生火灾。

(3)靠近振动部件(如发动机)的线束部分应用卡箍固定,将松弛部分拉紧,以免由于振动造成线束与其他部件接触。

(4)不要粗暴地对待电器,也不能随意乱扔。无论好坏器件,应轻拿轻放。以免使其承受过大冲击。

(5)与尖锐边缘磨碰的线束部分应用胶带缠起来,以免损坏。安装固定零件时,应确保线束不要被夹住或被破坏,同时应确保插头接插牢固。

三、任务准备

1. 前照灯的检修基础知识

图 12-7 所示是比亚迪 F0 轿车的组合开关。旋转左组合开关顶端的前照灯旋钮可打开下列灯光:位置 1——示宽灯、尾灯、牌照灯,组合仪表背景灯,组合仪表上的位置灯指示灯(绿灯)、尾灯指示灯处于打开的状态。位置 2——前照灯和上述位置 1 的所有灯。

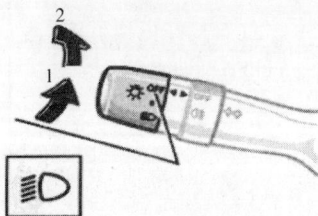

图 12-7 比亚迪 F0 轿车组合
开关的使用

(1)如图 12-8 所示,将转向盘下方左侧的车灯开关打到"示宽灯"位置。

(2)如图 12-9 所示,观察仪表盘上的"示宽灯"指示灯是否点亮。

图 12-8 车灯开关(示宽灯开关)　　　　图 12-9 仪表盘上的示宽指示灯

（3）如图 12-10 所示，再将车灯开关往前拨一个挡位：指在"前照灯"（也就是远/近光灯）的位置。

（4）如图 12-11 所示，观察仪表盘上的"远光灯"指示灯是否点亮。

图 12-10　车灯开关（近/远光灯开关）

图 12-11　远光灯指示灯

如果"远光灯"指示灯不亮，可能现在车灯开关处在"近光灯"的位置。使用近光时，应把左组合开关拨向位置 2，如图 12-12 所示。使用远光时，将左组合开关推向远离自己的位置（位置 1），此时远、近光灯均为点亮状态。组合仪表上的远光指示灯（蓝色）指示远光处于打开状态。

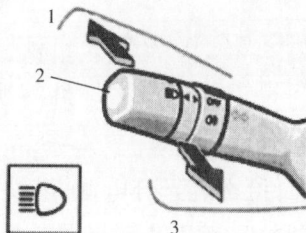

图 12-12　车灯开关（近光灯至远光灯位置）

如要使远光灯闪烁，可把左组合开关拉向靠近自己的位置（位置 3）。当把左组合开关释放，远光闪烁关闭。

（5）检查车外车灯是否点亮。如图 12-13 所示，检查车外车灯是否点亮，要分清楚：是两边不亮，还是只有一边亮。

（6）检查灯具外观。检查灯具外观有无破裂变形等情况。

（7）熔断丝的检查。检查前照灯熔断丝。

容量（A）：_____；通断性：_____；是否正常到电_____。

图 12-13　左边远光灯不亮
①-远光灯；②-近光灯

（8）检查灯泡电阻及搭铁线，见表 12-5。

2.画出该车型转向信号灯电路图并简述其工作原理

（1）画出比亚迪 F0 轿车转向信号灯电路图。

（2）简述比亚迪 F0 轿车转向信号灯工作原理。

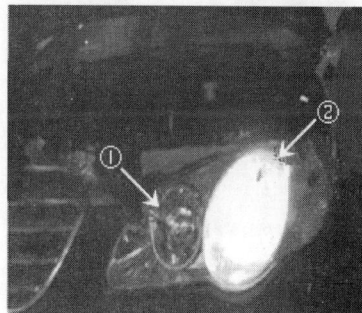

检查灯泡电阻及搭铁线
表 12-5

灯泡	类型	功率(W)	灯泡电阻	搭铁线电阻	性能判断
前照灯					

3.请根据您所学习的原理知识,制定正确的故障诊断流程图

画出转向信号灯故障诊断流程图(故障树)。

四、任务实施

1. 前照灯电路检查

(1)检查近光灯电路

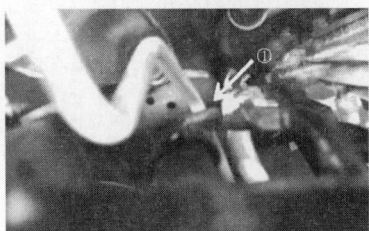

图 12-14　拔出前灯具插接器(①近光灯的插接器)

①如图 12-14 所示,拔出近光灯的线路插接器。

②用试灯测量插接器的 1 号端子,用夹头夹住车身搭铁。查看试灯是否点亮。如果试灯不亮,则可确定近光灯电源线路故障,应该检查熔断丝、继电器是否有损坏。

③用试灯测量插接器的 2 号端子,用夹头夹住车身搭铁,查看试灯是否点亮。如果试灯不亮,则说明近光灯搭铁线路故障,应检查。

(2)检查灯泡的性能。

如果用试灯检查近光灯电源、搭铁回路良好,则应检查灯泡的性能。

①关闭前照灯,打开发动机罩。拆下电源负极,拔下前照灯线束插头。如图 12-15 所示。

②拆卸近光灯。如图 12-16 所示,松开近光灯后护盖,取出前照灯防尘胶套,断开近光灯线束插头并取下后护盖。如果插接器太紧,要把它扭动。

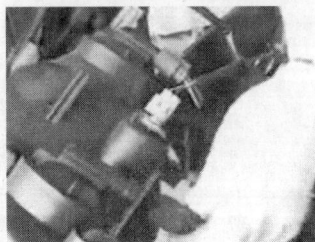

图 12-15　断开前照灯线束插头

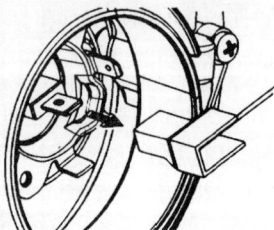

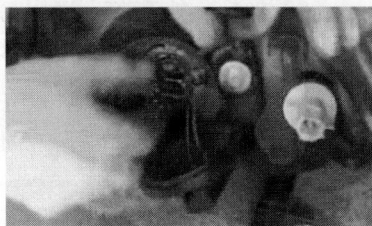

图 12-16　取下后护盖

③如图 12-17 所示,打开锁扣,释放灯泡的固定弹簧,并取出灯泡。

提示:拆卸时注意方向,同时不能用力过猛,拿装饰条要轻拿轻放。

④如图 12-18 所示,检查灯泡是否有发黑;灯丝是否有烧断;接脚、触点是否有折断、烧蚀等现象。

⑤如图 12-19 所示,使用万用表的电阻挡检查灯泡的电阻。一般远、近光灯的电阻

为 $0.2 \sim 0.4\Omega$。

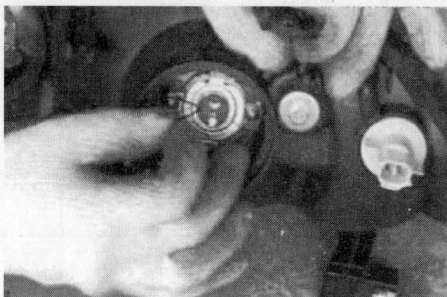

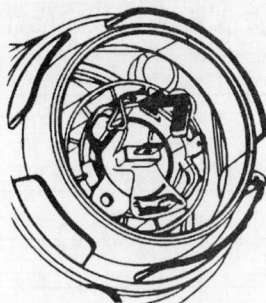

图 12-17　打开近光灯锁扣

图 12-18　检查灯泡

图 12-19　测量灯泡的电阻

注意：使用万用表前，先检查万用表自身的电阻值。测量得出的数值减去万用表自身的电阻值才是正确的读数。

（3）根据测量结果填写表 12-6，找出故障点及解决的方法。

故障查找数据记录表　　　　　　　　　　　　　　　表 12-6

部件	测量点	颜色	电压值	电阻值	试灯亮的情况	标准	结论
近光灯	电源线						
	搭铁线						
远光灯	电源线						
	搭铁线						
示宽灯	电源线						
	搭铁线						

备注：如果没有使用到方框用"\"划上。

（4）排除故障并填写故障检查数据记录表。

①解决故障（更换新的灯泡）。

②把灯泡安装回灯具中。

③连接插接器。

提示：

①安装前照灯时应注意把护套装好、注意防水、紧固好螺钉。

— 179 —

②安装前照灯总成时应注意内销钉与前照灯总成的孔相对好。

根据检查情况,填写故障检查数据记录表,见表12-7。

故障检查数据记录表 表12-7

	左侧		右侧	
	亮/不亮	外观检查情况	亮/不亮	外观检查情况
远光灯				
近光灯				
示宽灯				

备注:如果没有使用到方框用"\"划上。

(5)开灯进行检验。

2. 故障原因分析

故障原因是:_____

_____

_____。

判断依据是:_____

_____

_____。

3. 拓展问题

案例分析一

车主反映:一辆比亚迪 F0 轿车,行车途中,前照灯、示宽灯均不亮。维修技师根据车主的描述验证了此车出现的故障,根据故障现象,各维修小组根据工作要求完成任务。

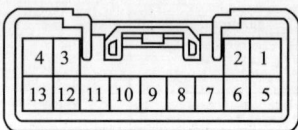

图12-20 比亚迪 F0 轿车灯光控制开关的接脚图

检查比亚迪 F0 轿车前照灯开关总成。

1. 检查比亚迪 F0 轿车灯光控制开关的电阻

比亚迪 F0 轿车灯光控制开关的接脚如图 12-20 所示。

用一个万用表,检测电阻并对照表 12-8 数值核对其结果。标准电阻见表 12-8。

标 准 电 阻 表 12-8

所测通断脚	状态	详细情况
—	OFF	10kΩ 或更高
10—13	TAIL(示宽灯)	1Ω 以下
10—13	HEAD(前照灯)	1Ω 以下
11—12	HEAD(前照灯)	1Ω 以下

如果结果和表 12-8 不同,请更换前照灯变光开关总成。

2.检查前照灯变光开关的电阻

用一个万用表,测量电阻并对照表 12-9 数值核对其结果。标准电阻见表 12-9。

标 准 电 阻　　　　　　　　　　　　　表 12-9

所测通断脚	状态	详细情况
9—11	FLASH(远光闪烁灯)	1Ω 以下
8—11	LOW BEAM(近光灯)	1Ω 以下
9—11	HI BEAM(远光灯)	1Ω 以下

如果结果和表 12-9 不同,请更换前照灯变光开关总成。

3.检查转向信号开关的电阻

用一个万用表,测量电阻并对照表 12-10 数值核对其结果。标准电阻见表 12-10。

标 准 电 阻　　　　　　　　　　　　　表 12-10

所测通断脚	状态	详细情况
6—7	右转	1Ω 以下
6—7、5—7	初始状态	10kΩ 或更高
5—7	左转	1Ω 以下

如果结果和表 12-10 不同,请更换前照灯变光开关总成。

4.检查后雾灯开关的电阻

用一个万用表,测量电阻并对照表 12-11 数值核对其结果。标准电阻见表 12-11。

标 准 电 阻　　　　　　　　　　　　　表 12-11

所测通断脚	状态	详细情况
2—4	OFF	10kΩ 或更高
2—4	后雾灯开关打开	1Ω 以下

如果结果和表 12-11 不同,请更换前照灯变光开关总成。

案例分析二

车主反映:一辆比亚迪 F0 轿车,行车途中,雾灯不亮。维修技师根据车主的描述验证了此车出现的故障,根据故障现象,各维修小组根据工作要求完成任务。

汽车雾灯的故障诊断与排除。

1.比亚迪 F0 轿车雾灯电路图(图 12-21)

2.比亚迪 F0 轿车雾灯开关的控制

将灯光控制开关旋至前照灯挡,再将雾灯开关旋钮旋到"Oφ"位置,打开后雾灯,此时组合仪表上的后雾灯指示灯(黄色)指示后雾灯处于打开状态。当旋转灯光旋钮至"OFF"时,雾灯开关旋钮自动旋至"OFF"位置,此时后雾灯将自动熄灭。

3.比亚迪 F0 轿车前雾灯的电路走向

打开灯光控制开关至前照灯挡后,打开前雾灯开关→电流从蓄电池(或发电机)的正极→熔断丝 F2/10→灯光控制开关→前雾灯开关→前雾灯继电器的励磁线圈→搭铁,

— 181 —

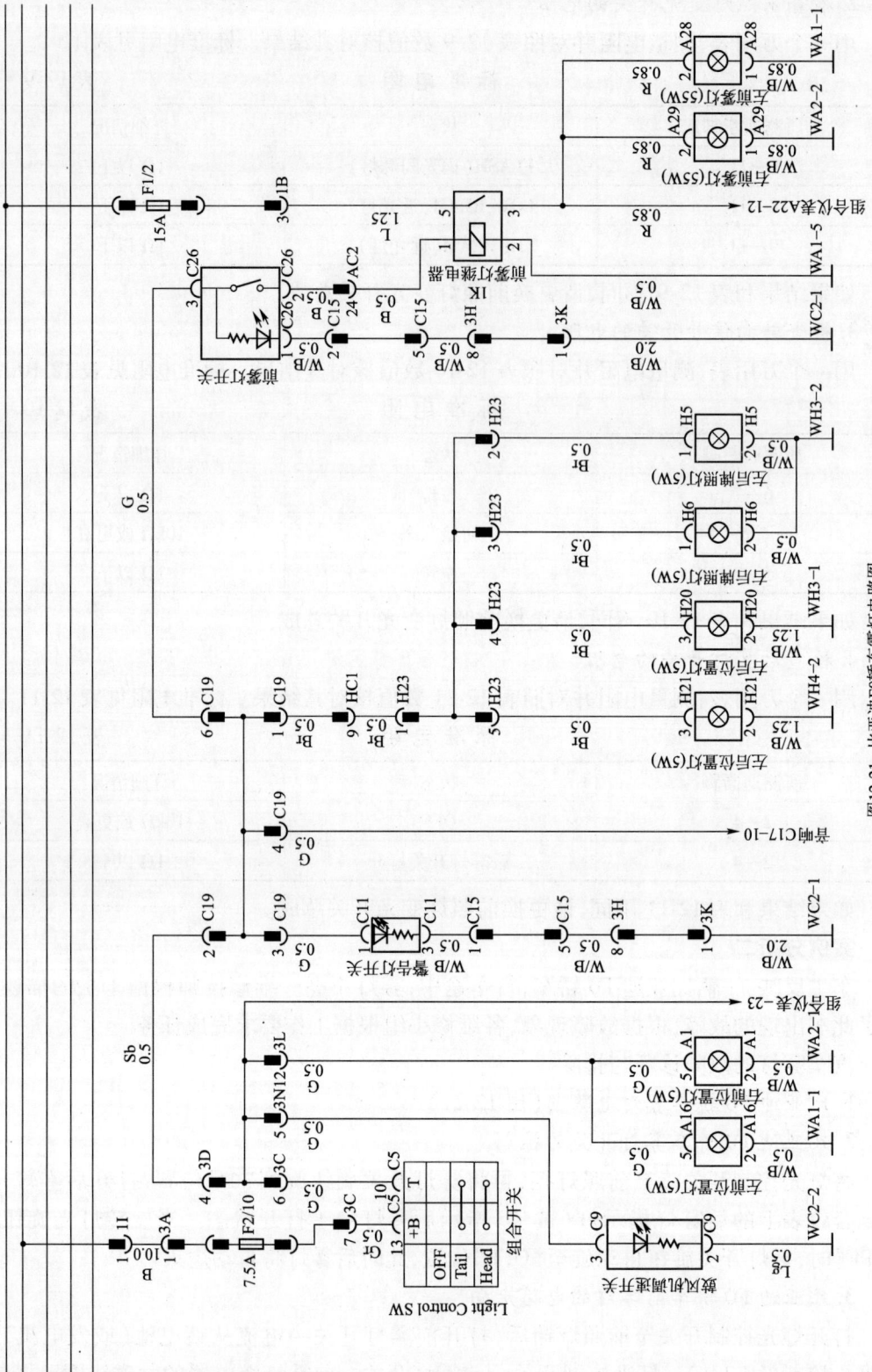

图12-21 比亚迪F0轿车雾灯电路图

使前雾灯继电器触点吸合。而常电源线经过熔断丝 F1/2→前雾灯继电器触点后分两路:一路至仪表板上的前雾灯指示灯→搭铁,另一路进入左右前雾灯→搭铁。

　　4. 雾灯系统常见的故障及原因

　　雾灯系统常见的故障及原因见表 12-12。

雾灯系统常见的故障及可能原因　　　　　　　表 12-12

症　　状	可能存在问题的部分
在前组合灯控制开关到位的情况下后雾灯不亮	熔断丝有问题
	组合开关
	线束或插接器
后雾灯不亮	灯泡
	熔断丝
	组合开关
	线束或插接器
两个前雾灯不亮	熔断丝
	组合开关
	前雾灯开关
	前雾灯继电器
	灯泡
	线束或插接器
一个前雾灯不亮	灯泡
	线束或插接器
雾灯亮度降低	灯具的散光玻璃或反光镜上积有尘垢
	蓄电池充电能力
	线路老化或改装雾灯的导线过细

案例分析三

　　车主反映:一辆比亚迪 F0 轿车,行车途中,室内灯不亮。维修技师根据车主的描述验证了此车出现的故障,根据故障现象,各维修小组根据工作要求完成任务。

　　汽车室内灯的故障诊断与排除。

　　1. 检查室内灯总成。

　　比亚迪 F0 轿车的室内灯总成接插器的前视图,如图 12-22 所示。

　　2. 检查电阻

　　用万用表测出电阻和标准电阻值(表 12-13)的数值比较。

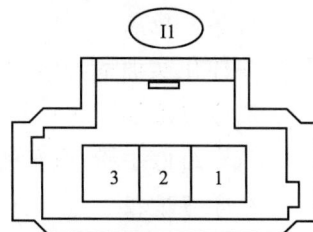

图 12-22　比亚迪 F0 轿车的室内灯
　　　　　总成接插器的前视图

标准电阻值表　　　　　　　　　　　　　　　　表 12-13

接线端	条件	指定条件
1—2	关闭	10kΩ 或更高
1—3	关闭	10kΩ 或更高
2—3	关闭	10kΩ 或更高
1—3	门挡	低于 1Ω
2—3	打开	低于 1Ω

如果测出的电阻值和表 12-13 不符,要更换室内灯总成。

3. 检查灯的操纵情况

将蓄电池(+)和接线端 1 相连,(-)和接线端 3 相连,然后检查当开关置于"DOOR"挡时灯的照明情况。

标准:灯亮。

如果灯不亮的话,更换灯泡。

将蓄电池(+)和接线端 2 相连,(-)和接线端 3 相连,然后检查当开关置于"ON"挡时灯的点亮情况。

标准:灯亮。

如果灯不亮的话,更换灯泡。

4. 室内灯常见的故障及其原因

室内灯常见的故障及其原因见表 12-14。

室内灯常见的故障及其原因　　　　　　　　　　表 12-14

症　状	可能存在问题的地方
室内灯总成不亮	灯泡
	门灯开关
	线束或插接器
	熔断丝

五、任务评价

1. 学习地点

一体化实训室。

2. 学习准备

汽车维修手册、汽车使用手册、互联网资源、车辆、电气维修用工量具、多媒体设备。

3. 学习过程

(1)以小组的形式,讨论交流,并制作出照明系统故障检测与维修的演示文稿,然后向全班同学进行汇报,展示小组的学习成果。

（2）根据小组的工作过程及所搜集的各种信息资料，以小组的形式，讨论交流，制作出一份关于照明系统检测与维修的流程及注意事项的小报，然后向全班同学进行汇报，展示小组的学习成果。参考同学们的意见，修改本小组维修的流程及注意事项，提交本次学习的成果。

4. 自我评价

（1）通过本次学习，我学到的知识点有：_____

_____

_____。

不理解的有：_____。

（2）我对课程的意见或建议是：_____

_____

_____。

（3）我希望改进的地方是：_____

_____

_____。

5. 考核标准

对本学习任务进行评价，学生技能考核评价表见表 12-15。

前照灯、示宽灯光线路故障诊断与排除技能考核评价表　　表 12-15

序号	操作步骤	操作内容	配分	评分标准	扣分	得分
1	准备工作	（1）准备工量具及材料； （2）检查试灯； （3）检查万用表； （4）检查车辆安全情况	8	未做一项扣 2 分		
2	检查灯光系统工作情况，观察故障现象	（1）开示宽灯	9	（1）未做一项扣 3 分； （2）操作不正确扣 2 分		
		（2）开前照灯，变光		（1）未做一项扣 3 分； （2）操作不正确扣 2 分		
		（3）开超车灯		（1）未做一项扣 3 分； （2）操作不正确扣 2 分		
3	查找故障部位	（1）按诊断程序检测线路； （2）正确使用工量具	30	（1）未按照操作步骤检查扣 15 分； （2）方法不当扣 10 分； （3）工量具使用不当每次扣 2 分		

续上表

序号	操作步骤	操作内容	配分	评分标准	扣分	得分
4	判断故障原因	查明故障原因,填写《故障诊断记录表》	10	(1)未填写《故障诊断记录表》扣10分; (2)判断错误扣5分		
5	排除故障	按技术要求检修或更换故障元件	30	(1)不能排除扣30分; (2)每有一个灯不亮扣10分; (3)自制一处故障扣10分		
6	开灯检查	排除故障后,灯光全部正常	5	不进行验证扣5分		
7	安全文明及7S操作	工装整洁	3	工装不整洁扣3分		
		操作完毕,清洁和整理工量具	5	未做扣5分		
8	对设备的使用	设备使用后应完好如初		损坏线路、设备扣50分		
9	合计		100			

参 考 文 献

［1］汽车检测与维修技术［M］.南宁:广西教育出版社,2009.

［2］朱军.汽车发动机常见维修项目实训教材［M］.人民交通出版社.2009.

［3］朱军.汽车底盘常见维修项目实训教材［M］.人民交通出版社.2009.

［4］朱军.汽车电器常见维修项目实训教材［M］.人民交通出版社.2009.

［5］姚国平.汽车电子控制技术［M］.人民交通出版社.2002.

［6］陈建华.汽车发动机底盘构造及原理［M］.北京理工大学出版社.2013.

［7］庞柳军.汽车空调系统维修［M］.人民交通出版社.2012.

［8］高元伟.汽车电气设备构造与维修［M］.人民交通出版社.2011.